解讀二二八

INTERPRETATION ON 228

本土新書 33

李筱峰●著

玉山社

目錄

解讀二二八

再版自序

李筱峰

一九九一年十一月本人參加《思與言》雜誌社及「台灣史蹟研究中心」聯合舉辦的「光復前後台灣社會變遷」學術研討會，發表論文〈二二八事件前的文化衝突〉一文（此文載於一九九一年十二月，《思與言》雜誌二十九卷四期；後改題為〈戰後初期台灣社會的文化衝突〉，收錄於玉山社出版的《台灣史論文精選》）。後來，我將這篇論文加以擴充，寫成介紹二二八事件的入門書——《島嶼新胎記》，於一九九三年三月交由自立報系出版部出版。

《島嶼新胎記》原版業已售罄，且因自立晚報社文化出版部已不再印行此書，因此本人依約收回原書版權後，增訂部份內容，並配上歷史照片或插圖，交由玉山社出版公司重新印行。

原書名《島嶼新胎記》沒有繼續使用的理由是，「島嶼」一詞，讓人乍看之下，以為本書是一本地理的書而「胎記」一詞，也曾經讓讀者誤以為本書是一本育嬰或醫學的書，真是冤枉到家。今逢再版，只好正名為《解讀二二八》，讓人一目了然，以免「豬母牽到牛墟」。

近幾年來隨著本土運動的勃興，二二八事件的歷史已漸受朝野的正視，但是由於長期受國民黨黨國制式教育的影響，許多人對二二八事件的歷史仍舊茫然不知，尤其青年朋友，為應付考試，必須熟記五十萬年前距離台灣兩千多公里外的「北京人」如何生活，卻不知道五十多年前台灣的二二八事件是怎麼發生的，這是全世界絕無僅有的教育奇蹟。

要當台灣人（不論先來後到，所有住在台灣、認同台灣的人），不能不知台灣史，因為人很難在無知之中培養感情。不想當台灣人（吃住於台灣，卻不認同台灣的人），也不能不知台灣史，以免無情之外，又無知。

要知台灣史，不能不知道影響台灣既深且鉅的二二八事件。願這本小書，能提供理解二二八歷史的方便法門。

一九九七年八月二十三日於世新大學

本書導論

台灣經過半世紀的日本殖民統治之後，於一九四五年十月，正式納入中華民國版圖。當時稱為「台灣光復」。

對於「台灣光復」，台灣人民歡欣鼓舞，並以中國大陸其他地區未有的熱烈心情，歡迎來自中國的國民政府。然而在「慶祝光復」的一年四個月後，卻爆發了全島性的反抗事件，繼而引來了國府軍隊的鎮壓與屠殺，史稱「二二八事件」。

為何在短短一年多之間，台灣的民心向背會有如此大的轉變？這是一個極其嚴肅而重要的歷史課題。本書希望透過終戰後台灣的社會、政治、經濟的實況，來探尋二二八事件前的歷史背景與成因。並從二二八事件的經過與結果，來了解此事件對台灣人的心靈影響。

全書計六章，除最後結論外，分別是：第一章，敘述台人在終戰之初對新時局的期待與希望；第二章，談及戰後初期台灣的政治、經濟制度措施與風氣；第三章，觀察民生社會的凋敝與動盪狀況；第四章，比較台海兩岸歷史發展、社會變遷的歧異，及其引發的大陸人與本島人之間的文化摩擦；第五章，則進入二二八事件的爆發與事件演變的經過和結果。

二二八事件對往後台灣各方面之影響，既深且鉅，而終戰初期的政治、經濟、社會、文化的變貌，則是二二八事件及其往後歷史的伏筆。本書希望讓這些伏筆，能展現出清晰的輪廓。透過這些清晰的歷史輪廓，希望提供我們一個具有教育意義的歷史結論，讓過去的歷史，照亮我們的前路。

第一章　迎接新時代

一九四五年八月六日及九日，盟軍的兩顆原子彈分別在日本的廣島和長崎的上空開花。一週後，日本宣佈無條件投降，結束了第二次世界大戰。也為日本在台灣的半世紀殖民統治劃下了句點。

在祛除了五十年的歷史陰霾之後，台灣人民忍不住內心的顫動。一首感嘆歷史前塵的詩歌，在台灣的社會中這樣被吟唱出來（福佬話發音）：

鴻章下關去寫字，尾省台灣割乎伊，
咱乎清朝賣去死，害咱受苦五十年。

在五十年殖民統治的悠悠歲月中，台灣人民的命運曾經被比喻成一朵在黑夜中受盡風雨摧殘的雨夜花，「無人看見，每日怨嗟，花謝落土不再回」。

可是，這朵暗夜中的花蕊，卻不甘心接受風雨摧折的命運，不時向歷史命運挑戰。因此，在長達半世紀的日本殖民統治下，台灣人民掀起一連串的抗日民族運動及社會政治運動。從早期的武裝抗日，到一九二〇年代以降的各種政治社會運動，儘管運動的方式不一、內容互異，但是都表現著台灣人民不滿日本統治、追求新理想的心願。在日本的高壓統治下，許多台灣人很自然地便將希望與感情寄託於對岸的原鄉「祖國」。誠如民族運動人士葉榮鐘所說的：

> 當我們抵抗日本人的壓迫時，日人一句共通的恫喝就是：「你們若不願意做日本國民，返回支那去好了」。緣此，日本人的壓迫力愈大，台人孺慕祖國的感情也

▲二次大戰結束，日本軍隊離開台灣的情形。

就愈切。①

民族運動領袖林獻堂的詩句「祖國我欲乘風歸」以及因他而起的「祖國事件」（一九三六年），或許正是日治下許多社會菁英的「祖國情結」的取樣代表。即令在二〇年代已標榜台灣獨立的左翼運動，其運動過程與精神，仍與對岸的中國靈犀相通，聲息互往。總之，儘管我們知道日本統治下的台灣，已逐漸產生「台灣人」的意識，但是原鄉祖國的影子，卻仍若即若離地在許多台灣人的心海中映下投影。因此，在日本戰敗，得知中國即將來臨之時，台灣人掀起了一股歡迎「祖國」的熱潮，熱烈慶祝「台灣光復」。

實則，當時日本的投降，並不是向中華民國投降，而是向聯合國盟軍投降，聯合國最高統帥再指派中國戰區最高統帥蔣介石接受日軍在中國戰區的投降。台灣就在這種情況下，由蔣介石派員接管，實際上，那是一次暫時的軍事佔領，但是，當時大家都毫無懷疑地稱之為「台灣光復」。

一、「政治真空」下的期待

一九四五年八月十五日，日本天皇昭和裕仁透過無線電向其全國各地日本軍民親自廣播投降詔書，表示接受聯合國波茨坦宣言。日本宣佈投降後，國民政府遂於九月一日在重慶成立「台灣省行政長官公署」，任命陳儀為行政長官兼台灣警備總司令。台灣省行政長官公署與警備司令部，於九月廿八日派長官公署秘書長葛敬恩，和台灣警備司令部副參謀長范誦堯二人籌組「前進指揮所」，並兼該所正、副主任。前進指揮所組成後，於十月五日由葛敬恩率領幕僚八十餘人，由重慶抵達台北。

自八月十五日，日皇宣佈無條件投降，到十月五日前進指揮所主任葛敬恩中將率員抵台止，其間整整五十天。這五十天之間，「台灣出現一段政治的真空時期」（葉榮鐘語），在這段期間，原有的日本行政機關已經失去拘束力，台灣許多地方都發生日本警察（含台籍日警）遭到襲擊報復的情事。地方上因部分流氓發動的報復日人的小騷動，時有所聞。雖然中國方面要求日本官憲仍然繼續執行現有任務，然而許多民眾已經不再信任警察，警察行政極感困難。而一些官有林木、海岸防風林及公共營造物等，又有面臨遭受流氓地痞侵毀之虞。加以社會上又普遍發生物資不足現象，因此，社會治安和秩序面臨考驗。

當此「政治真空時期」，台灣各地的許多地方領袖和知識青年，自動自發在地方上組織青年團體或治安維持會，在各街庄擔負起維持地方治安與秩序的責任，使得大量的公有物資得免遭人盜賣侵毀，水電得照常供給，鐵路交通得通暢無阻。

當各地的活躍人士在地方上組織維持地方治安的團體之時，一位台籍上校軍官張士德（原名張克敏，台中人，日治時代曾任「台灣農民組合」本部工友，因日警通緝，逃往中國，黃埔四期畢業）自大陸返台。張士德於九月三日搭乘美軍飛機抵台，開始與全島各地的活躍人士聯繫，經其奔走串聯，這些地方上的青年團體組織，紛紛納入「三民主義青年團」的組織之下（按「三民主義青年團」係中國於對日抗戰初期所創。一九三八年三月，中國國民黨召開臨時全國代表大會於武漢，決議為健全黨的組織，將預備黨員制取消，設立「三民主義青年團」，以蔣介石為團長）。因此，終戰甫過一個月，各地便紛紛成立「三民主義青年團」的分支組織。②

要了解各地的三民主義青年團在地方上維持治安和秩序的情形，可舉以下葉榮鐘的一段記述來參考：

某一天早晨，有二個日本兵找到我家來，叫我給他們證明身分。原因是這樣：他們是海軍，現在集中基隆待機遣送。因人數眾多，食品不夠用。所以用卡車專程到台中縣下東勢鎮山中，搬運從前埋藏在該處的食品及一部分日用品。但卡車駛到離豐原鎮不遠的石岡鄉，被該地的青年團攔住，經他們再三申辯，都不肯放行。最後說你們若得林獻堂先生或老先生手下的葉某某，證明你們這些物品不是竊取偷運，便給你們放行。還有一件是高雄鋁業工廠派人到台北該公司的辦事處搬運零件。他們卡車駛到龍井鄉亦被該地青年團攔截不放，於是該公司託人叫我幫忙解圍，當然我沒權可以命令青年團放行。只好寫一張條子，說聽當事人的說明似乎屬實，該卡車的物資可能是有正當用途，並非竊取偷運云云，事實是一片不負責任的爛言，但在我的立場除這樣敷衍而外別無方法，幸而那兩張條子竟然發生效力，他們的卡車都順利地到達目的地。這都是地方青年們，自動地擁護政府保全公物的表現。③

由上述可見各地三青團的青年們在「政治真空時期」的過渡階段當中，努力保護公產、維持秩序之一斑。由於有他們的努力，並加以台灣人多數皆奉公守法的習性，因此，這段所謂「政治的真空時期」，反而成為戰後初期的台灣，社會治安最良好的時期。

在這五十多天「政治真空時期」裏，除了有各地青年團的出現外，尚有一個民間團體的出現，也發揮了一些政治作用，那就是「歡迎國民政府籌備會」的成立。這個團體是由日治時代台灣的本土金融業先驅陳炘所發起，結合了林獻堂、葉榮鐘等日治時代的民族運動人士組織而成。擔任該會總幹事的葉榮鐘有一段追述，可以窺見當時同志們奔走籌備的熱絡景象：

九月初我被推充任該會的總幹事，同時我也在民族路租了一間小房子住下，於是我本身和我的家屬，開始一生最忙碌、最熱鬧的生活。各地方的舊同志，遠自台南、高雄、三三五五接踵而來。無論新知舊雨，見面時莫不笑逐顏開，他們都是懷著滿腔希望和一股熱烈如火的興奮心情，討論今後應如何來建設我們的新台灣。④

「歡迎國民政府籌備會」的工作包括：為民眾定制標準的青天白日滿地紅的中國國旗（照成本讓與民眾），指導民眾練唱中國國歌（起先練唱「卿雲歌」，後來又改唱以國民黨黨歌暫代的現行「國歌」），並且在各地建造歡迎國民政府的牌樓，自台北各都市以及鄉下的各街巷，都設了歡迎用的美麗彩門。葉榮鐘追憶當時的光景說：

> 各地方仿效築造，一面歡迎的對聯也陸續出現，到處國旗飄揚，喜氣橫溢，真不愧為光復的新氣象。⑤

有一副對聯這樣寫著：

> 喜離淒風苦雨景
> 快睹青天白日旗

「歡迎國民政府籌備會」除了為當時的台灣社會帶頭營造歡

▲終戰後，台灣人熱烈迎接心中的「祖國」—中國，然而對中國卻不了解。圖為掛在延平北路（當時還叫太平町）的歡迎標語，圖中的中華民國「國旗」的青天白日位置放反了，可見台灣人對中國生疏之一斑。一年四個月後，這個地方附近發生延平北路緝煙血案，引爆了二二八事件。

迎「祖國」的新氣象之外，也致力於維持地方治安和秩序。試看以下一則由該會發布，張貼於鄉下呼籲民眾要愛護公產的文告：

為保全公共建造物事勸告同胞兄弟：

台灣光復，羣情振奮，舉島騰歡，宛如久病復甦，莫不欣欣向榮，誠可喜之現象也。

然而舊政解紐，新政未孚，當此青黃不接之秋，事在左右為難之際，地方不無蒙昧兄弟，伺隙為非，乘勢逞凶，擾亂社會秩序，侵害個人自由，甚至毀害公共建造物品，譬如盜伐防風林、保安林，竊取橋樑資材等，層見疊出，日有所聞，此不可長久之惡風而堪慨嘆之事實也。夫防風林、保安林等之設施，係過去百十年，同胞艱難辛苦所栽植造成者，乃保衛農地，涵養水源，便利交通之要著，建設非易，毀之可惜，其貽害於國計民生殊有不堪設想者也。

況新攻府蒞臨在即，倘聞情究辦，不但關係者難辭其責，即吾省民亦將無顏以見祖國同胞矣。

願我兄弟顧念先人勳勞，明白光復大義，而今而後，知過必改，棄惡習從良風，庶幾新台灣建造之成效可期，大國民之襟度無虧也。

民三十四年九月　歡迎國民政府籌備會公啓⑥

籌備會並為響應委員長蔣介石所提倡的「新生活運動」，發動各地人士共同進行。一面又呼籲地方青年知識份子就地組織青年服務隊，協力維持桑梓的治安。由於「歡迎國民政府籌備會」的主事者，多半是過去民族解放運動的領袖人物，他們過去的活動，猶鮮明地印在民眾心目中，他們出來主持這個工作，自是順理成章，無人敢予異議。儘管他們沒有一絲權力，但是在「政治真空時期」，確也發生了一點政治作用。所以，政治學者陳少廷曾評論說：「這個時期的兩個政權轉移那麼混亂的狀況之下，能夠平安地度過，主要是台灣的民間領袖做好了舖路的工作。」「經由他們的努力，奠定了中央政府能夠順利接收台灣的基礎。」⑦

二、瘋狂似地歡迎「祖國」

度過戰後台灣社會最安定的五十多天「政治真空時期」，台灣人民以瘋狂似的熱情，迎接來自「祖國」的官員和軍隊。

十月五日，前進指揮所主任葛敬恩率僚屬八十餘人飛抵台灣，受到台灣人熱烈的歡迎。當時台灣人對於這些來自「祖國」的接收人員的心理，作家吳濁流曾這樣描述說：「對這些接收人員，台灣人打從心裡以對待英雄的方式歡迎。」⑧

十月十日，台灣人首次逢臨「雙十國慶」。在台灣公會堂（今中山堂）隆重舉行的慶祝大會上，有士紳代表及民間人士共數千人參加。在大會中，主席團代表林獻堂、林茂生、黃朝琴相繼演說，均以躬逢台灣第一次舉行「國慶」紀念日得參加為欣幸，並勗勉全台同胞今後必須團結一致，在國民政府與陳長官領導下，努力建設工作，以促進三民主義新台灣的實現。而在地方上，也由各地方領袖在地方上帶頭慶祝「國慶」。台南縣佳里鎮的著名文學家醫生吳新榮，在參加地方上的「國慶」慶典時，這樣有感而發：

在這瞬間我們感激之至，不覺流淚，不期在此一生，台灣竟能光復，我們能做一個中國人了。⑨

十月十六日，消息報導國府軍隊將抵基隆，許多台灣民眾各自地紛紛擁至基隆，準備迎接。基隆市頓時人山人海。可是這一天載運軍隊的船艦始終遲遲未入港，許多民眾望眼欲穿，苦苦久候，有的還露宿碼頭等候。第二天，首批國府軍

（陳孔達所部之七十軍）乘坐美國運輸艦，在盟軍飛機掩護下，開入基隆港，受到久候民眾的歡迎，登陸基隆後，軍隊分乘七個列車開至台北。北市民眾及學生於當天清晨已等候在車站準備迎接，至下午軍隊進站，民眾和學生們齊聲歡呼。軍隊出了車站，更受到台北市民夾道歡迎。

▲青年學生揮舞著青天白日滿地紅的旗子，迎接中國軍隊的到來。

前輩作家吳濁流，對於當時台灣民眾迎接國府軍隊，有這樣生動的描述：

十月十七日，從祖國來了第七十軍的三千人，與長官公署的官員一起在台灣登陸，這一天的歡迎情形，真是不得了，台北市不用說，遠從台中、台南、高雄等地趕來的也不少。軍隊所經過的路兩旁，砌成了人牆，其中有些日本人乖乖地並排站著，使我覺得異乎尋常。學生、青年團員，還有樂隊，連謝將軍和范將軍也被抬了出來，大刀隊和藝閣也著實不少！⑩

當時有一首歡迎國府軍的歡迎歌，歌詞如下：

台灣今日慶昇平，
仰首青天白日青；
哈哈，到處歡迎，
哈哈，到處歌聲，
六百萬人同快樂，
簞食壺漿表歡迎！⑪

這首歌雖然出現「簞食壺漿」的封建字眼，但卻也反映台民歡迎心目中的「祖國」的情況之一斑。

當時有許多社會領導階層的知識分子，表現出對心目中的祖國的歡迎之情，幾乎可以「純真」形容。試以花蓮的名醫張七郎為例來看，為了迎接新來的「祖國」，張七郎在花蓮籌建一個歡迎的牌樓，上面張燈結彩，牌樓兩邊對聯寫著：「萬象回春事事須把握現在；一元復始處處要策勵將來」，上款則題「天下為公」「國為民有」。⑫我們從張七郎遺留下來的習字帖中，也發現他親筆練習的許多歡

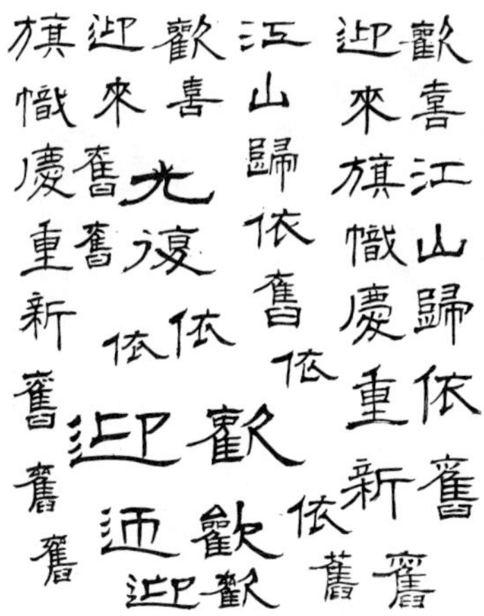

◀平日愛好書法的花蓮名醫張七郎，為了歡迎心目中的祖國，曾於終戰之初，在花蓮籌建歡迎牌樓。這是張七郎為了書寫歡迎對聯，事先練習的習字帖。張七郎萬萬沒想到，在他「迎來旗幟慶重新」的一年四個月後，他不但沒有「慶重新」，卻屈死在他所歡迎的「祖國」的槍下。

迎的門聯：「歡喜江山歸依舊；迎來旗幟慶重新」、「四百餘里鯤身已去復返；五十一年婢僕垂死重生」、「放馬桃林示民弗用；有漢社稷新數中興」、「治世三民無慚國父；共和五族一樣弟兄」。這是當時台灣知識菁英期待心中祖國的一個取樣代表。（只是，像張七郎如此認同大中國、如此歡迎新政府，他萬萬沒有想到，在「迎來旗幟慶重新」的一年四個多月後，他不但沒有「慶重新」，卻反而屈死在他所歡迎的「祖國」的槍下。而前面所舉的陳炘，不也是同樣的境遇嗎？）

十月廿五日，中國戰區台灣省受降典禮在台北市公會堂（今中山堂）舉行，台澎地區的受降代表，由台灣省行政長官陳儀擔任，日方代表則由原台灣總督安藤利吉簽署降書。台灣

▲1945年10月25日「中國戰區台灣省受降典禮」在台北公會堂（今中山堂）舉行。從這張照片，可以窺見所謂「台灣光復」，其實是軍事接管，「中國戰區」所指為何？即聯合國盟軍的中國戰區。

省人民代表林獻堂、林茂生、陳炘、杜聰明、羅萬俥等數十人參加受降典禮。會場外的廣場上，被前來爭睹盛況的民眾擠得水洩不通，羣情興奮，是日及翌日，台北各界有盛大的紀念遊行，其熱烈情況，有人以「如醉如狂」四字尚不足以形容，台灣耆紳林獻堂在是日下午舉行的「台灣光復慶祝大會」，以大會主席的身分，即席致詞：

我等由今天上午十時日代表簽降完畢時止，經已光復解放。此後，同胞們須同心協力，來建設理想的新台灣。同時，我等須念及此次勝

▲1945年10月25日，台灣民眾在台北市公會堂（今中山堂）前慶祝「台灣光復」，誰能料到一年四個月後，二二八事件爆發，中山堂成為二二八事件處理委員會的開會地點。國府軍隊來到後，這裡成為血跡斑斑的屠殺場。

利，實以此次抗戰合於正義的理想。日本素以桃太郎精神為教育方針，故其全體人民都抱有侵略的野心，故此次亡國之責任，並不限於一部分軍人，其全體國民應實共同負責。對此次之勝利，我等須感謝盟軍之仗義執干，以及我偉大領袖　蔣委員長之勳德，此後，我等應親愛互助，協助實現三民主義之新台灣。⑬

總之，終戰之後，台灣一般的知識菁英及多數民眾以極度歡迎與期待的心情，來迎接中國政府。那種歡迎與期待的熱烈程度，在中國大陸上其他任何一個光復區是找不到，也難以想像的。

三、參政的熱潮

對於新時代的即將開始，台灣人民充滿著殷切的期待，也編織著美麗的憧憬。吳濁流的以下這段敘述，可以提供我們了解終戰之初台灣民心的向背：

報上打出了「建設三民主義模範省」的口號大肆鼓吹，全民一致發了狂一般向這個理想目標前進，人人希望能把台灣建設成比日本時代更美好的地方。⑭

特別是社會領導階層的士紳、知識者，對於與聞地方政治，開始發生興趣，興起參政的熱潮。這從以下幾個現象可以看見：

一九四六年二月上旬，台灣省辦理公民宣誓登記及公職候選人聲請檢覆，這是台灣省建立各級民意機關的前奏。根據「台灣省各級民意機關成立方案」（一九四五年十二月廿六日公布），各級民意機關建立的程序，是先成立村里民大會，由村里民大會選舉縣市議員，成立縣市參議會，再由縣市參議會選舉省參議員，成立省參議會。在村里民大會成立之前，先行舉辦公職候選人檢覆，結果，聲請公職候選人檢覆，並經初複審程序通過者，多達三萬六千九百六十八人。經過公民宣誓登記及公職候選人檢定後，各縣市的區鄉鎮及縣轄市的民意代表，便於二、三月陸續選舉產生，投票方法採無記名單記法，全省共選出區鄉鎮市民代表七千零七十八人。緊接著，又由各鄉鎮區民代表及職業團體（各級農業會為主）於三、四月間選出各縣市參議員，名額共計五百廿三名。四月十五日，進一步選舉省參議員。省參議員應選名額僅三十名，而全省申請參選的候選人，竟達一千一百八十人之多。其中，以台南縣來看，應選名額僅四名，而候選人有四百八十一人之眾。⑮如此激烈競選的盛況，恐怕是人類選舉史上的罕見特例。於此可以想見當時「有知識者都不約而同地想走進政治的窄門」⑯，也可以了解，戰後初期許多社會菁英對於新的時代充滿著抱負與期待。

四、另一股忐忑不安的暗潮

儘管終戰後許多社會菁英及民眾，對於新的時代充滿著興奮與期待；對於新來的「祖國」政府，多採取認同與歡迎的態度，但是，在期待與歡迎的氣氛當中，也有部分人或有不同的感受，而產生疑慮。曾任台灣總督府主計課長的鹽見俊二在《我的終戰日記》中，提供了我們一個訊息。他在一九四五年九月十三日的日記上，這樣記述著（原文為日文）：

台灣本島人士徐坤泉、陳逸松、駱水源及其他幾位台灣人，與高橋知事會晤交談。顯得意外地意氣消沈。是否因為看不出即將來台的中國政府的方針究竟如何的緣故吧！⑰

再者，日治時期的親日台籍士紳辜振甫、許丙、林熊祥等人，於一九四五年八月十六日參加日本軍參謀的台灣獨立計劃。按二次大戰甫結束時，尚駐留在台的日軍，有陸軍十二萬八千人、海軍六萬二千人，合計有十九萬多人。日本少數在台的少壯軍人，於日本天皇宣布無條件投降後，心有未甘，抱「玉碎台灣島」的態度，乃結合過去與日政當局關係密切的台籍士紳辜振甫、許丙、林熊祥、簡朗山、徐坤泉等人，欲圖促使「台灣獨立」。此事因台灣總督安藤利吉的反對而作罷。

國民政府接收台灣後，辜振甫等人於一九四六年三月被捕，直到一九四七年七月廿九日宣判確定。判決主文謂：「辜振甫共

▲戰後台灣的最高民意機關——台灣省參議會。參議員名額僅三十名，參選的候選人竟多達一千一百八十人，其競選之激烈，說明戰後台灣社會菁英熱衷政治的盛況。

同陰謀竊據國土，處有期徒刑二年二月，許丙、林熊祥，共同陰謀竊據國土各處有期徒刑一年十月，簡朗山、徐坤泉無罪。」⑱判決確定時，二二八事件已過。

【註釋】

①葉榮鐘，《台灣人物羣像》（一九九五，台北，時報文化出版公司），頁四二〇。
②詳見鍾逸人，《辛酸六十年（上）》（一九九三，台北，前衛出版社）。
③葉榮鐘，《台灣人物羣像》，頁四一四。
④葉榮鐘，《台灣人物羣像》，頁四一〇。
⑤葉榮鐘，《台灣人物羣像》，頁四一三。
⑥葉榮鐘，《台灣人物羣像》，頁四一二—四一三。
⑦陳少廷，〈中國民主運動發展史㈡—台灣部份〉座談會發言，《八十年代》四卷一期，一九八二·二。
⑧吳濁流，《台灣連翹》（一九八八，台北，前衛出版社），頁一五三。
⑨吳新榮，《震瀛隨想錄》（一九六六，著者印行），頁二八。
⑩吳濁流，《台灣連翹》，頁一五三—一五四。

⑪引自蔣君章，《台灣歷史概要》（一九七〇，褚俊一發行，遠東圖書公司總經銷），頁一二四。

⑫劉峯松，〈在地球上有這種事—記花蓮張七郎父子慘死事件〉，載李敖編《江南·江南·哀江南》（一九八五，台北，天元圖書公司）。

⑬詳見當時台灣各報，或參《台灣省通志稿》卷十光復志（一九五一，台灣省文獻委員會），頁三一。

⑭吳濁流，《台灣連翹》，頁一五三。

⑮詳見李筱峰，《台灣戰後初期的民意代表》（一九八六，台北，自立晚報社文化出版部），第二章〈戰後初期各級民意代表的產生〉。

⑯吳濁流，《台灣連翹》，頁一七七。

⑰鹽見俊二，《私の終戰日記》（一九七九，日本高知市，高新企業出版部），頁四五。

⑱《台灣新生報》，**1947.7.30**，台北。

第二章「新總督府」

開羅會議（一九四三年十一月）後，台灣將重入中國版圖已成趨勢，於是國民政府乃於一九四四年四月十七日在「中央設計局」（戰時中國最高政治及經濟設計暨審議機構，隸屬國防最高委員會）之下成立「台灣調查委員會」，做為接管台灣之準備。並命曾任福建省主席歷時八年的陳儀為該會主任委員，主持一切有關接管台灣的設計工作。台灣調查委員會雖囊括有留居大陸，供職於黨政軍特的台籍人士（俗稱「半山」），但是在運作上實則以陳儀的江浙同鄉及福建省主席任上之班底為主導。因此，會中雖有台籍人士建議接收後應多用台人，以台人為行政主體，但並未為該委員會所接受。

一九四四年十二月廿五日，在台灣調查委員會的作業中，由中央訓練團主辦，於重慶成立「台灣行政幹部訓練班」。翌（一九四五）年二月，蔣介石委員長向該訓練班致詞時，表示：

日人治台多年，成績甚佳，吾人接管之後的治績，若不能超過日人，甚或不及日人，皆為莫大之恥辱，不僅有違諸生來此學習之目的，而且對不起國家民族。

從這段談話，正可以窺見國民政府接管台灣的心態，是要取代日本人在台的「統治者」地位。按民主政治的重要實踐方法之一是地方自治，即地方上的事務，應由地方自己管理，則台灣的事務，理應由台灣本地人自己管理。但當時中國政府並無此心意，對於台灣，係以「統治者」心態臨之。

當時在重慶有一批台籍人士（「俗稱「半山」」）曾向蔣介石建言，希望早日在台灣制定省憲，實行地方自治。顯然這些建議沒有聽入蔣介石的耳朵。等到大戰瀕臨尾聲，台灣接管在即，蔣介石甚至連原先他所組成的「台灣調查委員會」的一些較周詳的接管計劃也棄之不顧，最後改以「台灣省行政長官公署」的制度出現。①這是一套與中國大陸各省完全不同的制度。用今天的話說，那正是「一國兩制」。

一九四五年八月十五日，日本倉促宣布投降。二週後（八月廿九日），國民政府令：「特任陳儀為台灣省行政長官」。八月卅一日，以時間緊迫為由，未經立法程序，先從國防最高委員會交下「台灣省行政長官公署組織大綱」，再依「國民政

▶被台灣民間稱為「新總督」的台灣省行政長官兼警備總司令陳儀（右），左為警總副參謀長范誦堯。

▼台灣省行政長官公署，在今行政院。

府訓令」予以頒布。九月一日，「台灣省行政長官公署」及「台灣省警備總司令部」在重慶成立臨時辦公處。九月七日，國府當局又派令陳儀兼台灣省警備總司令。九月二十日，國民政府正式公布「台灣省行政長官公署組織條例」。

該組織條例第一條規定：「台灣省暫設行政長官公署隸屬行政院，置行政長官一人，依據法令綜理台灣全省政務。」第二條規定：「台灣行政長官公署，於其職權範圍內，得發布署令，並得制定台灣省單行規章。」第三條規定：「行政長官對於在台灣省之中央各機關有指揮監督之權。」僅此，足見台灣省行政長官公署不同於中國大陸各省省政府之委員合議制，而是一種經國民政府特別授權予以特殊化的行政首長專斷制。台灣行政長官不僅在台灣省境內享有極大的委任立法權，而且擁有行政、司法的絕對指揮監督權力。再加以陳儀又身兼台灣警備總司令，因此，集行政、立法、司法、軍事大權於一身，其權力較諸日本時代的軍人總督，有過之而無不及。

這個集軍政大權於一體的「行政長官公署」，在號稱「光復」的台灣出現之後，使得原本滿懷期待的台灣菁英或一般民眾大感訝異，因為這種體制，與日本時代的總督府在性質上並無二致。半山人士連震東當時就曾提出警告：這種制度將使台灣同胞產生「總督制復活」的錯覺，以為行政長官又是以「統治殖民地」的姿態出現。②果不其然，行政長官公署正式接管台灣後，許多台灣人便以「新總督府」來戲稱它。

在這個所謂的「新總督府」的大權總攬下，台灣的政治、經濟、社會的資源，便自然而然受到全面性有計劃的壟斷。

一、大陸人壟斷權位

[表二]

省籍 職稱	人數 外省	人數 本省
行政長官	1	0
秘書長	1	0
處長	8	0
副處長	2	1
主任秘書	8	0
合計	20	1

單位：人

〔資料來源：《民報》1946年11月8日〕

國民政府接管台灣後，雖然名義上給台灣人參政的機會，而實際上卻以「台灣沒有政治人才」為藉口，甚至以「台胞不解國語國文」為理由，把許多受過良好教育的台灣人排斥在中高級職位之外。

省參議員郭國基曾經在省參議會第一次大會第二次會議中指出，現在台灣自行政長官以下各

【表二】

單位：人

省籍 \ 機構		秘書處	民政處	教育處	財政處	農林處	工礦處	交通處	警察處	會計處	合計
秘書	外省	2	3	3	1	1	2	2	3		10
	本省	0	0	0	0	0	0	0	0		0
專員	外省	9	9	?	7	31	10	10	1	3	90
	本省	2	2		0	3	0	0	0	0	7
科長	外省	2	4	2	6	8	4		4	3	35
	本省	0	0	0	0	0	0		0	0	0
股長	外省	9	13	13	17		10	6	20	7	95
	本省	0	0	1	3		1	0	2	0	7
視察	外省		6	12	10	1		10	17		6
	本省		0	3	0	0		0	0		3
主任	外省	3	1	3	2	2	1	3	1		16
	本省	0	0	0	0	0	0	0	0		0

處長各縣長各市長之中，僅有三位縣長是台籍人士（台北市長游彌堅、新竹縣長劉啓光、高雄縣長謝東閔），其餘二十餘人全為外省人。郭國基要求政府要登用本省人材，「絕不容以台胞不解國語國文為理由，拒絕登用台省人，此種看法不僅無理由，且侮辱台胞無過於此」。類似這種質詢，在參議會中亦有多人提出。然而這種建議，並未使實際情況改善。〔表二〕及〔表三〕是一九四六年底台灣省行政長官公署上層官員省籍分配的人數統計。③

從〔表二〕—〔表三〕，顯示戰後大陸人取代了戰前日本人在台的統治地位，而佔台省高級公務員中之絕大部分。

再根據監察院〈台灣省現任公務人員概估〉的統計，一九四六年十二月底台灣省薦任和薦任以上官員的省籍分配情況如〔表三〕。

〔表三〕可看出，台灣人身居要職的比例極小。但是，如果再根據一九四六年十一月由台灣省行政長官公署所發表的統計，比例更小，在簡任及簡任待遇級的官員（共計三百廿七人）當中，台籍官員僅占〇．八二%；在薦任和薦任待遇的官員（計二千六百三十九人）之中，台籍人士也只佔六．六三%而已。④從省署這項統計看，「光復」後台灣人的政治地位顯然沒有光復。無怪乎監察委員何漢文在調查

[表三]

省籍 種類		外省人	本省人	合　計
特任		1		1
		100		100
特任待遇		2		2
		100		100
簡任		202	12	214
		94.39	5.61	100
簡任待遇		204	24	228
		89.41	10.53	100
薦任		1385	319	1704
		81.28	18.72	100
薦任待遇		951	487	1438
		66.13	33.87	100

單位：人數（百分比）

報告中指出：「服務機會不均等，如各機關高級人員以外省人居多，而台灣同胞每多屈居下僚，所得待遇高低尤不公允。」⑤滿懷期待以為光復後，可以伸展抱負的台灣社會菁英們，看到大陸人壟斷權位的情況，內心不免失望嘆息。

二、牽親引戚

除高級公務員為大陸各省人所壟斷外，許多機關單位之內，也開始充斥著「牽親引戚」的用人作風，例如省參議員林日高在省參議會上所揭發的一則徇私用人的例子：農林處檢驗局局長葉聲鐘上任之後，把一位具有三十年經驗的台籍技正范錦堂弄走，然後以自己的江蘇籍的二房姨太太謝吟秋來補技正的缺⑥；再例如，高雄一所專修學校的劉姓校長，竟以他的不識字的岳父充任教員。⑦諸如此類情事，多不勝舉，而最具代表性，莫如以下的一則新聞內容：

台南法院院長之妻，現為台南法院檢察處書記官長，該檢察處主席檢察官之妻，則任該法院書記官、台中法院之大部分職員則為該院長之親戚而「清一色」，即院長妻舅之子三人、妻舅之女婿一人、再其弟一人、妻舅之外孫一人及其遠親近戚等二十餘人，在該法院任職，占全法院職員約五十人之過半數，又花蓮港法院長之妻，現任該院之錄事，花蓮港監獄長之岳父，任該監獄之教誨師，其妻舅亦任職獄內，現各界人士皆旨斥譏笑云。⑧

台北縣縣長上任後，為了安插他所帶來的兩百多人自己的人馬，竟不管舊有人員有無能力，而將許多人免職。⑨

即使連一些公司、工廠，也因為這種裙帶關係，致使一些有為青年被摒棄在外。一九四六年十月廿八日，林茂生博士所主持的《民報》，就以社論〈要預防年底的危機〉一文明白指出：

每天看見求職的有為青年，東奔西走，訪前輩尋朋友，莫不長呼短嘆，搖頭吐氣說是沒法子，不論是官衙、公司、工廠的大把交椅都被陌生的大哥坐滿，連下層員工都不錄用，與日人佔據時代差不多一樣，這是光復後的特別現象。

前述的種種現象，使得原本熱烈歡迎「祖國」的台灣人民，開始收斂起笑容，進而產生嫌厭的心理。《民報》在九月十六日的社論中，就不客氣地指陳：

牽親引戚、營私舞弊的腐敗政治，台胞已討厭了，封建性包辦政治是更討厭的。

在二二八事件發生的一個半月前的一九四七年一月十六日，《民報》社論〈掃除封建作風〉一文，再痛切言之：

因為本省沒有封建基礎，所以從外省搬入的壞種子，亦不易生枝發葉，成為一個組織；現在我們所見的，不外是封建「作風」而已。而這個作風，在慣於法治生活的本省同胞，卻惹出了非常強烈的反動。牽親引戚，結黨成羣，以一個機關為地盤，無論是非曲直，「打折手骨卻屈入不屈出」，這就是封建作風了……。

因牽親引戚之風而被排擠在工作之外的失業者，內心的不平自不待言。即使能謀得一工半職的人，卻也有其不平之鳴，蓋因當時在同一單位機構中，本省人與外省人待遇並不平等，同一級職同一工作，外省人的薪俸比本省人多，甚至高出一倍。這種差別待遇的差距，比日治時代日台人之間的差距還大。曾擔任報社記者的吳濁流，回憶當時所受的差別待遇的感受說：

在日據時代，嚐過那種比日本人要低六成的可憐的差別待遇的記者，光復後又同樣要接受這種命運，那當然要比日據時代感到更痛苦了。⑩

三、從「接收」到「劫收」

陳儀初抵台灣時，在廣播電台向台灣人廣播說，公務人員有三件事是不該做的——「不偷懶、不欺騙、不揩油」。當時許多台灣人聽了「不揩油」三個字，都不知所云，⑪於是奔相走問「什麼叫做不揩油」，經打聽之下，才恍然大悟，原來「不揩油」就是不收紅包、不貪汚的意思。只是許多台人不禁納悶，公務員不貪汚是天經地義之事，何須乎還要透過廣播來宣布？單純的台灣人經過五十年日本人一板一眼的法治訓練後，對於擅長揩油的祖國官場文化已經感到陌生，因此才會產生這種納悶。

在宣稱「不揩油」之後，接管台灣的新統治集團即立刻展現出「五子登科」的「揩油大秀」。讓台灣人開了五十年未開之眼界。

按，中國在抗戰勝利後，國民政府一些接收人員到光復區專接收金條、洋房、汽車、小妾和高位，中飽私囊，時人譏之為「五子登科」，五子意指：金子、房子、車子、位子、女子。來到台灣的接收人員，也有不少人「五子登科」。廖文奎博士當時曾沈痛指出：

接收及行政人員，多係貪污之流，以為台灣名為美島，實乃寶庫，一歲三熟，遍地黃金，接管一任，富可三代。然一臨台境，無錢購物則被討；無票乘車則被逐。既而台人「量小氣短」，貪污乃別開生面為發財之道，或公財私用，或敵產擅賣，或浮報不實，人在台省政府，心在上海賭場，全無節用愛民，經國濟世之舉措，其腐敗卑劣每非台胞所能想像者。⑫

曾經參與民族抗日運動的陳逢源也一語道破：

台灣光復時大家都很歡喜，但接收後則大家都很失望，接收之官員貪污很多，台胞都說「接收」為「劫收」。⑬

中國記者唐賢龍在二二八事件後不久，於南京出版的《台灣事變內幕記》一書，也這樣指出：

自從國內的很多人員接管以後，便搶的搶、偷的偷、賣的賣、轉移的轉移、走私的走私，把在國內「劫收」時那一套毛病，統統都搬到了台灣，……台灣在日本統制時代，本來確已進入「路不拾遺，夜不閉戶」的法治境界，但自「劫收」官光顧台灣以後，台灣便彷彿一池澄清的秋水忽然讓無數個巨大

◀刊載在1946年2月的《新新》月報上的這幅漫畫，諷刺一些「劫收」（接收）官員生活奢靡的情形。

> 的石子，給擾亂得混沌不清。⑭

吳濁流的小說《波茨坦科長》的主角范漢智，向他的新婚的台灣妻子說：「玉蘭，台灣真是好地方，由重慶只穿一領西裝，不久就可以做百萬富翁，或千萬長者，真好。」雖然這是小說對話，卻活生生反映了終戰後一些來台接收官員的面目與本質。

台灣「光復」一年後，《民報》以〈祖國的懷抱〉為題，發表的社論，這樣沈痛說到：

> 光復當初，台胞們的熱烈興奮，也是因為期望祖國的懷抱，而情不自禁所致的。老實說：重新相逢的祖國，是使我們失望的（得）很，祖國的政治文化的落後，並不使我們傷心，最使我們激憤的，是貪污舞弊，無廉無恥。⑮

根據統計，一九四六年一月底到二月上旬短短十餘天之內的報紙，有關貪污案件的新聞報導，就有六則

（不重複之案件），平均幾乎兩天一則。已揭露者如此，未曝光者，則不知凡幾，重大的貪污案，如嘉義化學工廠的貪污案，數目在國幣二億元以上；貿易局勾結商人，獲利亦在一億元以上，連最該保持乾淨的台北市教育界，也發生一千萬元以上的舞弊案。⑯大大小小的貪污新聞，在一九四六年全年之內，屢見不鮮，讓台灣人民目不暇給。

對於貪污案件，當時在省參議會當中曾經有幾位敢言的參議員數次提出質詢，轟動全島。比較令人印象深刻的是王添灯和林日高兩位參議員聯名提出追究「資源委員會」接收台糖公司十五萬噸白糖的下落，和財政處專賣局、貿易局的貪污案。

根據王添灯和林日高揭露，台灣省行政長官公署讓「資源委員會」（成立於一九三二年十一月，直屬南京國民政府行政院），將台糖公司由日本官方和民間製糖會社所接收過來的十五萬噸白糖，無償地轉變給貿易局，運到上海出售，售款則存在「貿易局上海辦事處」名下，實則為四大家族（孔祥熙、宋子文、蔣介石、陳果夫、陳立夫）與陳儀等分贓殆盡，致使島內糖價暴漲。當時上海出售的台糖每斤一百三十元，台灣卻是每斤一百七十元，相差四十元，乘以十五萬噸，僅台灣糖一項，台灣人民就被奪去一百二十億台幣。而且這項舞弊，使得台糖公司缺乏再生產資金，不得不向台灣銀行貸款四十億台幣。這場質詢中，最為人們所樂道的是王添灯對陳儀所指責的一段話：

陳儀長官很關懷台灣同胞，開口閉口台灣同胞！對長官的關懷，台灣同胞是非常感激的，但是，很不幸的是，那些接收大員不是關心台灣同胞，他們關心的是台灣糖胞……。⑰

王添灯和林日高又揭露貿易局和專賣局兩位局長吞沒數千萬元台幣的接收物資，王添灯針對專賣局長任維鈞吞沒鴉片七十公斤，私運

▲省參議員王添灯，在省參議會中諤諤直言。事件發生後，擔任「二二八事件處理委員會」的宣傳組長，最後被捕，全身被淋上汽油燒死，據聞屍體被丟入淡水河。（照片提供　王芬芳）

香港變賣一事，質問任說：「你知不知道專賣局報銷七十公斤鴉片這件事？」任回答說：「聽說是給白蟻吃掉了！」任的回答引起旁聽民眾哄堂大笑，王添灯緊追不捨的說：「既然是給白蟻吃掉的，那麼我提議請幾個權威的科學家和醫生來試驗，看看白蟻會吃鴉片否？」⑱事後證明，鴉片是被民間所稱謂的「大官虎」吃掉的，不是被白蟻吃掉。

尚有一則轟動台灣社會的貪污奇譚：曾任陳儀在福建時的老幹部的台北縣長陸桂祥，與該縣的一名裘姓區長，串同謊報接受敵產物質，逕行變賣達數萬元台幣之鉅。後來經縣參議會及人民檢舉，陸即唆使將縣政府放了一把怪火，縣府會計室首先被焚，日本原始清冊及接收後所有的帳簿單據，悉數被燒得一乾二淨，竟連一點殘餘紙屑也找不到。接著台北縣稅捐徵收處也被燒得精光。陸縣長事後還將此「怪火」的起因怪罪係奸黨莠民所放，並在記者會中將貪污責任推諉給已經捲款潛逃的裘區長。⑲

諸如此類層出不窮、光怪陸離的貪污奇譚，在日本帝國主義的殖民統治時代，是難得一見的。但是，沒想到「回到祖國懷抱」的台灣人民，卻是大大開了眼界，其內心的痛苦與失望，是不言可喻的。誠如一九四六年十月一日《民報》社論〈勸勉學徒諸君〉文中所說的：

光復未久，由外省搬入許多貪污頹廢的惡作風，把諸君的熱情吹冷了……。

貪污的風氣，造成台民的離心離德，當時的國民黨台省黨部主委李翼中有感於此，曾經於一九四六年七月廿二日在「國父紀念週」上報告對台省政治社會現狀之觀感，分析官民情感隔閡之癥結所在，並勗同志應努力協助政府肅清貪污，藉以融洽官民感情。然而談何容易，因為當時的貪污，似乎已經形成了結構性的系統，而且似乎已是官場政治文化的一部分。

四、統制經濟的剝削

在經濟方面，也如同政治上的壟斷一樣，國民政府接管台灣後，採取的是全面的統制經濟。

陳儀接管台灣後，日本人所留下的二百卌七家公私企業，六百餘個單位，統統納入台灣省行政長官公署所屬各處局所設的廿七家公司來經營。無論從交通、運輸、堆棧、農產品、漁業畜牧、鋼鐵、電力、水泥、機械造船、石油、工程、造紙、印刷、紡織、磚瓦、油脂、電工器材、化學藥品、製鹽等等，無一不在統制之列。

標榜「國家社會主義」的陳儀，有鑑於日治時代專賣制度成效卓著，因此不顧本身的政治文化與官場陋習，一味沿襲。對樟腦、火柴、酒、菸、度量衡等物品全部納入專賣。但是由於機構龐大、人員眾多，人員素質不齊，貪污舞弊，加上專賣局所製之菸、酒、火柴、質劣價高，因此戰後專賣制度推行下來，不但不能盈餘，且還不能達到收支相抵的地步。

雖然依照台省專賣物品的規定，僅限定菸、酒、樟腦、火柴、度量衡五種物品專賣，但事實上，除了上述五種規定物品之外，尚有許多民生物資，如鹽、糖、石炭等，則由專賣局之外的機構來厲行統制。例如，鹽的專賣是由財政部台灣鹽務管理局直轄之台南鹽業公司來承辦；石炭則由台省工礦處成立的台灣省石灰調整委員會，來統制其產銷。

監委何漢文對於這種專賣統制措施，引起台人的不滿，有如下的報告：

中央接收台灣後，不但未能以最大之努力與鉅量之資本恢復在戰前破壞之企業，解決台灣同胞之失業恐慌，且轉以專賣獨佔方法，將台灣之特產如煤、糖、燒鹼、食鹽等之銷售，由政府控制，此種中央不為台灣建設花錢，反自台灣牟利，自難獲台灣同胞之諒解。⑳

不能諒解的人，果然是越來越多了。以下，從記者唐賢龍當時的採訪記述㉑，我們來聽聽一位蔗農和一位老農夫的訴苦。

一位住在屏東種甘蔗的老佃農黃雨清說：

過去在日本人時代，他們雖然一切都統制，但還給我們一條可以維持最低限度求生的路，可是自從光復後，台灣省行政長官公署，除了香蕉及橘子未加統制以外，其餘的不論何項，差不多都統制了，我們台灣人民的生活，可就一天天比以前更苦了。

譬如：就拿我這種甘蔗的老頭兒來說罷，過去雖然苦，我們總還可以吃到配給米，填得飽肚皮，但現在，時代變了，物價更高，我們最近竟連吃蕃薯的機會也在逐漸減少。

另一位住在台南安平的七十多歲老漁夫也這樣數落著：

台灣的鹽產甚豐，每年均有很多的剩餘。照講，我們台灣人是應該可以吃到便宜的鹽了，但事實上不然，我們卻一直吃著高價的鹽，查鹽的成本原極低廉，譬如本來每斤只要一角錢的，因為鹽稅太高，現在卻要賣到十五台幣一斤了，而這十四元九角，幾乎全為鹽稅。安平有很多在鹽場中工作的人，每天均為鹽生產而勞動，但他們每天均吃著高價的鹽。如果商人要做鹽生意的話，也必須要在鹽業公司裡去批買，但經過鹽商之手的鹽，運到其他各地便格外要貴了。至私人鹽田所出產的鹽，也必須要照官定的低價賣給該公司，不得私相買賣，這真是一種不公平，不合情理的事啊！

此外，與專賣局互為表達的另一個統制經濟的代表機構，則是貿易局。貿易局壟斷全島工農產品的購銷與輸出，舉凡樟腦、硫酸、米、糖、鹽、鳳梨、石炭、硫磺、鋁、煤油、水泥、紙、漁產等凡是能夠營利的出產品，幾乎全部由貿易局統制了。這些台灣的出產品，甚至連禁止出口的木材、紙張等，只有貿易局可以運銷國內外，公開地大賺其錢。進口貿易亦然。貿易局的統制，誠如上海《密勒氏評論報》鮑威爾所說的：「將台灣人凍結於更多的盈利經濟範疇之外」㉒。

統制經濟如果能公事公辦，亦非不可取。但是，偏偏在「紅包通神」的官場文化下，官商勾結，或亦官亦商，使得許多違禁的進出口品能夠自由進出。官商從中獲取暴利及好處。受害、受剝削的，仍是廣大的民眾。以下，記者唐賢龍的一段敘述，是活生生的一個實例：

> 像我今年〔按一九四七年〕一月十四所乘的那條民眾輪上，我親眼便看到裝了很多的香菸，但當十六日船駛進基隆港等待檢驗時，想不到，那些很多的香菸，卻用小木艇一隻隻的運到比較偏僻的地方上岸了。那些海關上和基隆港務局，以及貿易局派往船上檢查的人員，一個個的眼睛都是看到的，但他們卻都裝著沒有看見到的一樣。不一會，我更看到他們一個個都坐到潔白的餐桌上，在吃著船上早已準備好了的豐盛的午宴了，雞鴨滿桌，美酒牛排，這是我們在船上兩天以來，做夢也未曾想到的。我想不出這究竟是什麼原因，後來下船時，茶房才為我說穿了一切的秘密。嗚呼，這就是所謂的檢查，也便是我親眼看到的統制！[23]

唐記者看到上述這幕景觀的四十三天後，「二二八事件」爆發！很諷刺的，事件正是因私菸而起。這套伴隨著貪污文化的統制經濟措施，帶給台灣的禍害是至為明顯不過了。

總之，戰後的經濟統制政策，正如美國華盛頓大學的F. H. Michael和G. E. Taylor兩教授所說的：

那些幾乎為全島經濟命脈所繫的日本企業，被納入政府專賣組織，並由大陸來台的中國人充任其中，台灣的財務受到有系統掠奪，生產力大降，稻米頓然短缺。對台灣人來說，他們立刻感覺到，少數的中國官員將獨佔島上的經濟。㉔

監委楊亮功和何漢文在調查報告中也指出：

以工商企業之統制，使台灣擁有巨資之工商企業家不能獲取發展餘地；因貿易局之統制，使台灣一般商人均受極端之約束；因專賣局之統制，且使一般小本商人無法生存。㉕

國防部長白崇禧在二二八事件後也不得不承認說：

因貿易局統制範圍過廣，民營工廠範圍日狹，遂使人民生計困難，失業增多。㉖

【註釋】

①詳參鄭梓，〈戰後台灣行政體系的接收與重建——以行政長官公署為中心之分析〉《思與言》第二九卷四期（一九九一．一二，台北）。

②連震東，〈台灣人的政治理想和對做官的觀念〉《台灣民聲報》第九、十期合刊（一九四五．十．七，重慶）。

③《民報》，1946.11.8，台北。

④《民報》，1946.11.15，台北。

⑤何漢文，〈台灣同胞不滿現實的原因〉，載於江慕雲編，《為台灣說話》（一九四七，上海，三五記者聯誼會），頁一七四。

⑥《台灣省參議會第一屆第一次大會特輯》（一九四六．十二，台灣省參議會秘書處編印），頁六五。

⑦《民報》，1946.1.31，台北。

⑧《民報》，1946.7.6，台北。

⑨省參議員林日高曾為此事向長官公署提出質詢。見《台灣省參議會第一屆第一次大會特輯》，頁四八。

⑩吳濁流，《無花果》（一九八八，台北，前衛出版社），頁一七八。

⑪杜聰明在其回憶錄中，也說：「……其夜聽陳長官自電台放送訓詞，公務人員應該認真為民服務不要揩油，筆者不了解揩油字句有異常感覺。」見杜聰明，《回憶錄》（一九七

三，杜聰明博士獎學基金管理會印行），頁一一四。

⑫《前鋒》雜誌十六期，（一九四七·四），頁六。

⑬王世慶，〈陳逢源先生訪問記錄〉，載於黃富三等編《近現代台灣口述歷史》（一九九一，林本源中華文化教育基金會），頁一六一。

⑭唐賢龍，《台灣事變內幕記》（一九四七年，南京，中國新聞出版部）。

⑮《民報》，1946.3，台北。

⑯《台灣政治現狀報告書》（一九四六·三，閩台通訊社編印），頁六。

⑰藍博洲，〈永遠的王添灯〉，《幌馬車之歌》（一九九一，台北，時報文化出版公司），頁三四。

⑱同前註。

⑲王建生、紀顯芸、陳湧泉，《一九四七：台灣二二八革命》（一九八四·七，L.A.，台灣文化事業公司），頁六七—六八。

⑳江慕雲，《為台灣說話》（一九四七，上海，三五記者聯誼會），頁一七三。

㉑唐賢龍，《台灣事變內幕記》。

㉒上海密勒氏評論報鮑威爾談〈台灣同胞不滿現實的原因〉，載於江慕雲，《為台灣說話》，

頁一七八。

㉓唐賢龍，《台灣事變內幕記》。

㉔F. H. Michael & G. E. Taylor, The Far East in The Modern World（Holt, Rinehart and Winston, Inc. 1965）, p.448。

㉕楊亮功、何漢文，〈調查「二二八」事件報告」〉，載於蔣永敬等編，《楊亮功先生年譜》（一九八八，台北，聯經出版公司），頁三九六。

㉖白崇禧報告台灣事變之起因及善後措施，載於《台灣新生報》，1947.4.9。

第三章 動盪不安的社會

一、民生凋敝

由於厲行統制經濟，公營事業的無限擴大，遠超過日治時代之獨佔企業。加上官場貪污舞弊作風，以及外行領導內行，以致經營不善。許多公營企業不能自給再生產資金，不但擴充其生產設備、購買原料、週轉等所需資金，均以銀行貸款是賴，對應繳盈餘亦以貸款還款，繳納政府。故台灣銀行放款對象，一向以各種公營企業及交通事業單位為主，而該項放款數額，竟佔該放款總放款額的五〇%以上。這項貸款的膨脹，係促進通貨增發之重要因素。通貨增發，刺激物價上漲，反過來又增加公營企業對資金之需要，此為終戰後台灣通貨膨脹之主要循環特徵。①廖文毅博士所主辦的《前鋒》雜誌在二二八事件後的一篇社論，〈流汗為祖國，揮淚話台灣〉一文中，就曾這樣言簡意賅地指出：

省內復員人數日增月加，公營生產事業又因用事不得其人，致使各業半身不遂，因之失業者之數不能勝算。物價因官僚資本的剝削和台幣的亂發，一漲而再漲，甚至於不知其終止點。以往以產米和糖聞名於全世界的台灣米、糖價，反比上海、香港、廈門等地還貴，結果民生塗炭，民不聊生……。②

根據台灣省行政長官公署統計室的《台灣物價統計月報》，自一九四六年一月到一九四七年二月，台北市數種主要生活日用品價格上漲的情況如[表四]：

[表四]

時間／種類	1946年1月	1947年2月	上漲倍數
米(斤)	8.84	42.67	3.83
麵粉(斤)	11.11	59.72	4.37
豬肉(斤)	31.95	102.78	2.21
雞蛋(個)	2.67	9.17	3.44
花生油(斤)	27.67	106.39	2.85
鹽(斤)	1.33	9.44	6.09
白糖(斤)	2.70	60.28	21.33
茶葉(斤)	6.70	61.11	8.12
香煙(十支)	3.00	9.67	2.22
陰丹布(尺)	15.40	92.40	5

單位：台幣(元)

另外根據監察院的檔案資料，同一時期的台北市主要民生日用品價格及上漲情況如[表五]：

[表五]

時間 種類	1946年 1月	1947年 2月	上漲 倍數
大米(斤)	6.30	32.33	4.13
麵粉(斤)	12.16	74.50	5.13
豬肉(斤)	40.00	123.33	2.08
雞蛋(個)	1.00	9.00	8
花生油(斤)	28.00	126.00	4.5
鹽(斤)	0.75	14.00	17.66
白糖(斤)	3.50	74.00	20.14
茶葉(斤)	10.16	106.00	9.43
香煙(十支)	4.00	8.00	1
陰丹布(尺)	20.50	120.00	4.85

單位：台幣(元)

以上統計，係出自官方，難免估計保守，但僅就這些保守統計來看，物價上漲情況已經相當驚人。若以台北市零售米價上漲情形來看，[表六]③是終戰至二二八事件前的台北市零售米價上漲實勢，當更驚人：

[表六]

時　　間	白米一台斤	指　數
1945年 8 月	0.2圓	1倍
10月	3.6圓	18倍
11月	12.0圓	60倍
1946年 2 月	16.8圓	84倍
4 月	20.0圓	100倍
1947年 1 月	80圓	400倍

物價暴漲除了係因為通貨膨脹引起之外，生產的萎縮亦有以致之。由於許多生產設備的工廠，在戰爭中遭盟軍轟炸損壞，加以「管理浪費而不合理，企業指導欠佳」，致使戰後各項生產陷入低潮或停頓，可用物資大為短缺。有一項關於台灣生產數的統計顯示，戰後翌年（一九四六年）的生產總指數，竟然連

終戰前一年（一九四四年）的一半都達不到。④

此外，當時台灣物價的暴漲，也部分因為受到中國大陸本土惡性經濟恐慌的波及。陳儀接管台灣後，雖然採取台幣特殊化措施，繼續使用原有台幣，讓它和大陸幣制隔離，以避免受大陸經濟混亂的影響。然而，實際上台灣無法斷絕與大陸間的經濟和超經濟關係。台幣與法幣匯率一貫被壓制為比其台幣實際購買力低，而大陸的經濟恐慌比台灣來得猛烈，物價上漲也比台灣更為厲害，所以無論如何的調整或固定化匯率，以法幣換取台幣來台購買東西，都比在大陸便宜。中國本土的軍政機關一味地利用不值錢的法幣換取台幣，來台搜刮物資；上海等地把華南都市的「民間資本」也大量傾入台灣而大肆購買財貨。結果，台灣的許多物資，陸續被掠回大陸，或被來台的大陸商人掠為已有。天津《大公報》在二二八事件發生前兩週的一篇社論，就明白指出：「就物質往來論，祖國大陸是佔了台灣的便宜的。多少糖由那裏運出來，多少煤、多少香蕉波羅蜜，由那裏運出來。……」⑤

在財貨物資遭到大肆搜刮的情況中，以米糧的短缺，造成民生的痛苦、社會的不安為最顯著。而米糧的短缺，又與商人的囤積居奇有關係。二二八事件爆發的一週前，《人民報導》頭版頭題署名李幾民（可能喻「饑民」之意）的一篇文章，提出了警訊：

這個月來米價由十幾元漲三十幾元，不但飛漲得駭人，而且自前日起無處購到，米商們大有奇貨尚應久居之慨，這個現象固然使囤積糧食的人們皆大歡喜，卻苦死了小百姓。現在本省有千百萬的人民，都受到飢餓的威脅，人心浮動已影響社會安寧，這問題不能說不嚴重，而造成此種嚴重的原因，卻不是真的缺少了米而發生的，而是有人在操縱圖利，根本本省是餘糧區域，所產的糧食，以之供給全省，綽綽有餘，與國內其他各地因缺糧而起的糧荒絕不相同，所以我們對只圖一己利益，不顧萬民生死之奸商們痛恨之外，同時對本省糧政當局，這幾個月來處理，亦感十分遺憾！⑥

當時，商人囤積米糧、哄抬物價，造成民生疾苦、社會不公的現象，從以下三則刊登於一九四六年，由哲學學者黃金穗所主編的《新新》月報上的漫畫，可以窺見一斑：

◀原載《新新》月報第二號（1946.2.1）。

甚麼東西都有　陳家鵬
但是　不够錢

◀原載《新新》月報第二號（1946.2.1

米！米！米！　洪晁明

▼原來如此

▲原載《新新》月報第三號（1946.3.1）。

由於米價暴漲，大鬧米荒，台北出現了一個「反對抬高米價行動團」，遍貼標語。在二二八事件的前二週（二月十三日），即發生台北市千餘人，集於萬華龍山寺口，整隊出發遊行請願，要求解決米荒之事。

「光復」後民生凋蔽的結果，連過節禮俗都呈現出蕭條的景象。試看當年報上一段敘述「光復」後的第一個七夕的氣氛：

台灣的蕭條早表現在七夕，照慣俗，每到農曆七月初七，家家戶戶都供祭七娘媽，十六歲小孩換項鍊。年輕女孩穿針乞巧，禮節相當隆重而普遍，但是今年卻已相當馬虎過去，被裁的女招待更無心情，其他失業家庭更不能例外。⑦

百業蕭條，伴隨著是失業人口的增加，由於中國國民政府接收工作的脫節、戰後生產事業的萎縮與停頓，許多廠礦因戰爭之破壞而無法復工，以及戰爭中流落在海外的台僑及被日人征用在外的軍伕於戰後紛紛回到台灣，種種因素，造成失業人口的激增。戰後台灣的人口約六百萬人，而失業人口，沒有明確的數字，各方估計不一：根據一九四六年底《台灣新生報》的報導，全台失業人口約有四十五萬之多⑧；省參議員王添灯的估計，最少不下四十萬人⑨；礦業家也是省參議員的顏欽賢統計，失業者不下五十萬人⑩。

失業人口的激增，形成了社會的重大壓力。一九四六年十月廿八日的《民報》社論〈要預防年底的危機〉，提出了警告，其中有一段說：

失業者逐日增加的現象，是表示著社會危機的來臨，同時也是政治經濟的危機。〔中略〕失業者的思想一天一天的惡化起來了，對每晚在花天酒地的公務員和發光復財的地主和豪商階級，都抱了大不滿。為飢寒所迫，而幹出破廉恥事的，指不勝屈、犯罪案件十中之九都是為吃飯問題而生的。

為了生活，逼得鋌而走險，淪為盜賊的，日益增多，二二八事件爆發的前二、三週，僅台北大同區在一個禮拜之間發生盜案就有十八件之多，顯示失業問題的嚴重。治安惡化至此，絕非日治時代所能想像。

而不敢偷盜的，只好淪落街頭行乞。一九四六年十一月廿一日《人民導報》的社論〈論本省的失業問題〉，一開頭就這樣說：

半年前，筆者尚未來台，就聽到朋友們說：「台灣平疇綠野，工業發達，人民無凍餒之虞，街上看不見一個乞丐，真是金銀島一般。……」可是今日的台灣已是如何的台灣了呢？不但街上看見了乞丐，而且劫案疊出……。

至於生活窘迫，卻又無膽為盜，無顏行乞的人們，往往便以一泓綠水或三尺白繩，了卻殘生。戰後的台灣社會，因生活窮困而自殺的慘案，時有所聞。一九四六年十一月中旬，台北縣陸縣長於長官公署紀念週上就坦白透露：「數月來台北縣發現自殺案件計三十七件，均係貧苦失業的原因。」⑪

▲反映社會不公的漫畫，原載《新新》月報第六號（1946.6.1）。

失業者固然面臨生活的窘困，但是有職業的人，卻也可能面臨領不到薪水的困境。我們今天絕對難以想像，在「光復」後的台灣，報紙上的社論竟然會出現這樣的題目——〈請按月發放教師薪津〉（見一九四六年八月十五日《人民導報》）。從該社論中，我們發現這樣令人難以置信的現象：

聞本省若干縣市，對於教職員薪津頗有未能按月發放者致影響職員生活及精神甚鉅，而台北縣教師二千餘名，積欠薪津達三個月，未發分文，則尤堪詫異。

總而言之，戰後初期的台灣人民，生活更加窘困，誠如上海《大公報》的一篇評論所說的：

台灣光復僅在政治上，台胞的經濟地位並無改善，實在光復得十分空虛！再加上，接收下來而生產停頓，物價逼人，生活比從前痛苦加倍，人心就在這個洞中流去了。⑫

其實，政治上也不見得「光復」（前已述及），而實際生活更加窘迫，人心豈有不流失之理。

二、軍警作威作福

除了由於失業人口激增的因素，造成盜賊四起外，戰後駐台軍人的軍紀敗壞，造成嚴重的社會治安問題，也成為社會動盪的一大根源。

過去日治時代，台灣治安相當良好。終戰之初的「政治真空時期」，也大抵平靜無事。台胞在歡迎「祖國」軍隊之前，許多人心想，日本陸軍士氣高昂、戰鬥力極強，如此精銳的部隊猶被「祖國」的軍隊打敗，足見「祖國」軍隊一定更加神勇精銳。沒想到「祖國」的軍隊一上岸後，立刻為滿懷希望、熱烈期待的台灣民眾澆了一盆冷水。當時奉調來台的第七十軍（軍長陳孔達），軍紀敗壞，簡直罄竹難書。試看當時擔任憲兵第四團團長的高維民（當時全台憲兵勤務最高負責人）的一段回憶：

廿五日接收之前，我便裝到台北各地走過，發現這個地方秩序井然，現象真好，並從新職人士中得知「夜不閉戶，路不拾遺」。商店訂價後不作興討價還價，店東可說是童叟無欺，對每個人都很和藹、誠實。風氣太好了，我非

▲戰後來自中國大陸的畫家朱鳴岡，觀察戰後的台灣社會，做了一連串的台灣生活組畫。這裡看到的是其中的兩幅，時間在1946年。

常感動。但是七十軍的部隊實在太糟，該軍在基隆未下船前，雖有零星上岸，披著毯子，拖著草鞋，隨便在船邊大小便者，而因範圍小，影響不大，正式下船時，雖然整隊而行，其服裝破爛，不堪入目，於夾道歡迎的人羣中，頓使台省同胞失望。⑬

高維民接下來的回憶，更提供我們栩栩如生的史料：

七十軍是先我一週來台的。這些兵於十月廿五日開始接收之日放出來以後，問題多了。〔中略〕當時台胞普遍都騎腳踏車，譬如到郵局辦事，都把車停在郵局前面的車架裏，那些兵一看沒鎖，也沒有人看，騎了就走。〔中略〕那時候沒鐵門，也沒有圍牆，只是用幾塊石頭，圍成院子種些花草，也有少數士兵一看屋裏沒人，跑進去就拿東西，這在過去從來沒有的。還有，不守秩序，他們習慣的坐車不買票。搭火車不走正門，從柵欄上就跳進去；上車也不走車門，從車窗就跳進跳出。當時只有一家大陸口味的大菜館蓬萊閣，該軍一少校參謀吃飯時，對女招待動手動腳，惹起反感，乃開槍示威。

軍人作家張拓蕪，也有類似的記述：

台灣在日本統治之下其最大的成就是夜不閉戶的良好治安，以飼養的家禽來說，居民都是一籠籠，一簍簍放在自家門外，和腳踏車一樣從來不加鎖的，也從來沒有遺失過。然而自從這個中央軍進駐以後，雞籠、鴨籠以及腳踏車甚麼的便時常無故失蹤。⑭

張拓蕪說，當時的七十軍，民間稱之為「賊仔兵」。其實以「賊仔」稱呼，尚稱客氣。因為，許多軍人除偷竊之外，耍賴、威脅、詐欺、恐嚇、調戲、搶劫、殺人……無所不為，更令人痛心。

筆者從事二二八事件的田野訪問時，從老一輩的口述中，也獲悉許多當年軍紀敗壞的事蹟，不勝枚舉。茲舉其中兩個實例，俾供了解：

有一士兵到商店購物，價格五十元，卻要求商店老闆開據一百元收據，老闆不敢不從。約莫一小時後，該物由另外一位士兵帶回商店，表示貨品不好，要退貨，並以一百元收據為憑，要求老闆退回一百元現金。老闆凜於淫威，只好屈從，但內心卻有難以言狀的憤懣。

台南縣麻豆鎮的一家棺木店，有一天，因附近駐軍有一士兵過世，連上派員前來買棺，準備料理善後。棺木買走後，翌日，數名士兵又抬著棺木回來，要求「退貨」。經查悉，原來，棺木裝著屍體抬出去出殯後，死者屍體從棺木中被拚出埋葬，空的棺木再抬回來「退貨」。

這些詐欺與耍賴的現象，在日本帝國主義的殖民統治下是絕對看不到的。想不到，在號稱「祖國」的軍隊來了之後，卻不時在身旁發生。為了說明這些例子不是孤例，以下再引時人的一段回憶來看。這是黃順興在其回憶錄中，談及當時高雄一帶的軍紀，有這樣的敘述：

我曾在高雄街頭親眼目睹過士兵們三五成羣地遊盪著，衣冠不整，小腿綁著裹布，中間露出了膝蓋。他們初來時大概是生平第一次看到這麼清潔的街道和有秩序、有禮貌的人羣，大概是自感不如吧，有點怕怕的，顯得怯場的樣子。日子久了受到那些官長的不良作風影響，也慢慢地膽大起來。當時他們對「拍照」最有興趣。一些照相館一到星期日便門庭若市生意興隆。可是問題就來了，一些士兵沒帶錢去拍照，提照片時竟以照得不好為由拒絕付錢照片卻收走了。初時相館主人還能忍耐，後來那些散兵食髓知味，還煽動隊友做效。如此一來，受害的相館增加了，怨聲四起，於是這些老闆便開會決議對官兵用先收錢才照相的辦法。此舉立即引起他們的反感，就用機關槍迫使相館主人照相，還不付錢，不屈從，便開槍打爛店內的櫥窗大玻璃，民眾報案也沒人管。這種惡風後來竟渲染到「白吃」、「白喝」的地步，民眾在槍口之前敢怒而不敢言。⑮

軍人開槍滋事的案件，在一九四六年當中，屢見不鮮，以下再舉《民報》上的一則新聞，做為抽樣：

【岡山訊】岡山區岡山鎮前峯米商劉林氏之宅昨二十三日下午突來三人身著軍人制服，欲賣食糖遇主人劉林氏不在由其妻女說不買後三人退出其宅，到了二十四日上午二時夜深同其三人凶漢各持短槍摧破門戶潛入其宅，睡眠中之主人劉林氏驚醒跳出，忽聞槍聲連發，胸部中彈數個、即死，次男劉萬得隨後出來亦中彈重傷，犯人見勢逃跑，區警察所接報即派刑事隊出動，原因不明犯人尚未捕現在偵查中。⑯

類似這種案件的新聞，多不勝舉。今僅就一九四六年二月上旬的《民報》上有關軍隊人員動輒開槍非為的新聞標題，列舉如下：

二月二日：「左營海軍軍人曾槍殺當地民眾／一事未平，又以手槍威脅郭區長」。

二月九日：「我是接收委員／要什麼票？／竟以手槍威脅驗票員」。

二月十日：「高雄市碑子頭市場國軍／白晝搶魚商卓乞食現款六百元」；「高雄國軍一羣聚賭於倉庫／因被陳夫人勸止／竟毆打苓雅寮區長陳夫人」。

二月十二日：「巡警以手槍威脅商人」。

二月十六日：「福州出身警官特務長／穿制服堂堂打劫／日人家宅頻遭其害／手槍威脅是慣伎」。

從以上這些新聞標題，不難了解那些軍警人員的行為內容。《民報》在十月廿八日的社論〈要預防年底的危機〉一文中，已不客氣的指摘：「由內地來的同胞，常結黨成羣，各處劫奪財物」。曾任憲兵第四團團長的高維民也回憶說：「由於軍隊紀律廢弛，一言以蔽之，姦淫擄掠，結果親痛仇快，日本人快意，台灣同胞失望，使大陸來的有心之人痛心。」、「當時我已經看定了這個地方會出問題。」⑰上海的《大公報》，亦有鑑於此，曾為文建議說：

國軍在台紀律又很差，滋生是非，甚失人望。政府不可置無用之軍，賈怨於人民。在台國軍似應予縮編，減至最少限制。⑱

然而情況非但沒有改善，反而變本加厲。全年之中，穿制服行劫、威嚇、殺人……的新聞報導，俯拾即是。看在台灣人的眼中，這些殺人越貨、魚肉民眾的軍警人員，正是數月前台灣民眾所瘋狂歡迎的對象。「我對你有情，你對我不義」，其內心所遭受的打擊，必然很大。二二八事件的心理背景，於此不難理解。省參議員、醫學博士韓石泉即明白指出：

光復後使余感覺驚異者，隨身攜槍之士兵警員特多，因此時肇事端，如台南市編餘士兵與警員衝突，新營鎮民眾與警員衝突，員林鎮法警與警局衝突，甚至夫妻口角亦拔槍示威，至於嫌疑犯拒捕擊斃者，時有所聞，此實為惹起二二八事件之導火線。⑲

▲戰後初期的台灣，軍人開槍滋事的案件，層出不窮，街頭擾攘不安。

三、一九四六年台灣社會三大事件

經濟的蕭條，民生的凋敝，使得戰後台灣的社會盜賊四起。而到處為非作歹、耀武揚威的軍警，使得社會治安益加惡化。二二八事件前的一九四六年中，一連發生許多轟動社會的事件，其中，以布袋事件、新營事件和員林事件等，令人印象最為深刻。

布袋事件發生於是年的四月間。位於舊台南縣（原台南州）的布袋嘴，於終戰後，由於經常有大批的米糖物資由該地運出，人員往來進出複雜。不到半年，布袋地區霍亂病大為流行，一時人心惶惶，有關當局乃將布袋嘴一帶加以封鎖隔離，以防病菌傳染。警察所長派員荷槍實彈，並安上機關槍把整個布袋嘴圍堵起來。布袋嘴是個小漁港，除了生產鹽，許多生活物資須仰賴外面供給，而今被密密圍堵，久之，居民生活發生不便，於是有人買通員警，進出圍堵線購物。沒有行賄的人，也想援例進出，卻遭員警阻攔，部分民眾不服，奮不顧身衝出警戒線，結果守衛的警員以輕機槍掃射，數位民眾負傷倒地，所幸沒有重大傷亡。此事曾引起當時輿論界的厲聲譴責。⑳

新營事件發生於農曆七月十五日中元節，由於日治時代厲行皇民化運動，禁止祀神祭鬼及帶有濃厚中國色彩的廟會和野台戲，因此到了戰後，廟會活動又復活起來。一九四六年的中元節，台南縣新營鎮舉辦盛大的「普渡」戲。當觀眾正在看戲時，戲台上突然出現兩名持槍的員警，以霍亂正在流行，不宜聚眾，以免傳染為由，強制禁止演戲，命令觀眾解散。一時羣眾譁然，有的報以「三字經」，繼而以木屐、石塊交相投擲抗議。台上的員警終於向台下羣眾開槍，傷及數人，衝突更劇，憤怒的羣眾一齊衝向圓環邊的台南縣警察局，一些不明究理的警察都遭到池魚之殃，被羣眾圍毆。整棟警察局的門窗、辦公桌椅都被搗毀，檔案櫃也被燒得面目全非。幸而當時的台南縣長袁國欽（福建人）和台南縣參議會議長陳華宗聞變連夜趕到，處理得當，才使騷動平息下來。㉑

至於發生於十一月十一日的「員林事件」，更加令人咋舌：

一名黑道出身的鹿港警察所刑事組長巫重力（彰化溪湖人）因故對鹿港名醫施江西動武，遭施江西提出自訴，控告巫重力傷害。台中地方法院屢傳巫重力不到，乃決定拘提巫重力到案。當時巫重力已調到位於員林的台中警察局。事發當天，法警五、六名到員林的台中警察局，向局長江嵐出示拘票，要求交出巫重力。江局長將前來拘提的法院法警安頓於警局二樓禮堂「休息」，一面則暗示該局督察長陳傳芳悄悄打電話通知北斗警察所長林世民，謊稱總局二樓禮堂有「強盜」進入，命令他們即刻帶保安隊前來救援。林世民果然率員來到員林總局二樓，將禮堂燈光關熄，並下令向「強盜」開槍，頓時哀號四起。三人中槍倒地。㉒這個荒唐的事件，的確給向來習於法治的台灣住民極大的震撼，當時各報曾經喧騰一時，輿論強烈譴責。

以上三大案件，除員林事件係官家機構之間的衝突外，其餘為警民之間的衝突。這些衝突，幸虧善後處理得當，或因發生的地點較偏僻不易擴散，否則，都有可能演變成二二八事件。

除了三大事件之外，類似的大小案件一直層出不窮，在各地頻頻發生。例如同年十一月下旬，花蓮區警察所丘所長因為不納電費，與電力公司東部辦事處發生糾紛，事後藉端拘捕接線工人，並開槍示威，釀成公司全體罷工。㉓

再例如：二二八事件爆發的二十多天前（一九四七年二月三月），也發生市公車員工集體罷工事件，事件導因於在南松山停車場附近某師團士兵約廿餘人，無端毆打司機和檢票員，引起市營公車的從業全員罷工以示抗議。幸經市長游彌堅斡旋，始恢復工作。㉔

這些社會案件的一再發生，正說明了二二八事件前「山雨欲來風滿樓」的景象，發生在一九四七年二月二十七日的延平北路緝菸血案，也只是這一連串的社會動亂案件的其中之一，只因為它發生的地點，是全台的首善之都的鬧區，較易擴散，而成為引爆二二八事件的導火線。

【註釋】

①詳參《台灣省通誌》卷四〈物價篇〉。

②社論〈流汗為祖國，揮淚話台灣〉，載《前鋒》雜誌第一六期，一九四六·四·二十，台北。

③引自史明，《台灣人四百年史》（一九八〇，San Jose，蓬萊文化公司），頁七三七。

④見《台灣省通誌》卷四〈物價篇〉，頁一三〇。

⑤社論〈請愛護台灣這片乾淨土〉，天津《大公報》，1947.2.21。

⑥李幾民，〈對本省糧食的問題緊急建議〉，台北，《人民報導》，1947.2.21，一版。

⑦《人民導報》社論，1946.9.10。

⑧〈本省的失業問題〉座談，載《台灣省訊團團刊》三卷七期，1947.2.23。

⑨王添灯，〈失業與救濟〉，載台北《台灣新生報》，1946.10.20。

⑩見《台灣新生報》，1947.10.27。

⑪社論〈論本省的失業問題〉，載台北《人民導報》，1946.11.21。

⑫〈我們對台灣的意見〉載上海《大公報》，1946.5.31。

⑬高維民口述，福蜀濤記錄，〈台灣光復初時的軍紀〉，載《中華雜誌》二八三期，一九八七．二。

⑭張拓蕪，〈我走過那一段歲月——二二八事件的回憶〉，載《大成報》，1990.11.21，副刊。

⑮黃順興，《走不完的路》（一九九〇，台北，自立晚報社文化出版部），頁六一。

⑯《民報》，1946.7.26，晚刊二版。

⑰高維民前引文。

⑱〈我們對台灣的意見〉，上海《大公報》，1946.5.31。

⑲韓石泉，《六十回憶錄》（一九五六，著者印行），頁七五。

⑳鍾逸人，《辛酸六十年》（上）（一九九三，台北，前衛出版社），頁三八五—三八六。

㉑鍾逸人《辛酸六十年》，頁三九一—三九三。

㉒鍾逸人《辛酸六十年》，頁三九五—三九七。

㉓《人民導報》，1946.11.26，社論。

㉔《民報》，1947.2.7，社論。

第三章　動盪不安的社會

第四章　文化的隔閡與衝突

「光復」一年多來，台灣人民經歷了經濟的蕭條與凋敝，飽嚐社會的動盪與不安，目睹政治的不公與腐敗……，再回頭想想「光復」之初大家對這樣的「祖國」政府竟然那般熱烈的歡迎與期待，許多人不禁自覺可笑，而有一種「受騙」的失落感。然而，與其說是「受騙」，不如說是因隔閡而產生誤解——對「祖國」的過度美化。誠如葉榮鐘所說的「祖國只是觀念的產物而沒有經驗的實感」①，在「光復」之前，台人因抗拒日本統治，對「祖國」自然加以理想化而心嚮往之。等到「光復」之後，才發現真正的「祖國」與心目中的祖國差距甚大，心理的不適應與失落感便因此產生了。這種心理，以林茂生博士的一句感嘆的話，最足以表達。林茂生於「光復」的翌年，當他的長子林宗義從日本學成返台，問起他「台灣人有希望否？」的時候，林茂生長嘆一聲說：「若有若無……我們想像中的祖國，與實際的，實在不同……。」②

其實，「想像中的祖國」與「實際的祖國」之所以不同，乃是因為台海兩岸的社會，到了終戰之後，已經發展成兩個體質相當不同的社會了。

一、近代歷史的分軌

台灣自十七世紀移入一批一批的華裔移民，以及出現殖民政權以來，便充分顯現其海洋文化的特性，與對岸的中原大帝國開始大異其趣。即使台灣自十七世紀八十年代以後被併入清帝國的版圖，但因長期的海禁隔離，台海兩岸仍有相當程度的疏離。到了清末由於劉銘傳的經營，已奠下了一點近代化的基礎，而且在近代化的腳步上，移墾社會的台灣較諸保守的大陸其他地區已稍前一步。

一八九五年台灣割讓給日本後，更正式與中國分道揚鑣，走進了不同的歷史軌跡，海峽兩邊社會的差距，也日漸拉開。

儘管台灣自一八九五年之後，淪入「異族的魔掌」，但是卻也因此擺脫近代中國動盪、戰亂的命運。極端的民族主義者或許不願接受這種解釋，但是，我們先來扼要檢視一下，自一八九五年台灣割日之後，中國動盪、戰亂的坎坷歷史：

一八九八年，列強瓜分中國，同年清廷發生戊戌政變，極右的保守勢力抬頭。

一九〇〇年，慈禧的極右勢力縱容地方上的義和團瞎鬧（蔣廷黻形容為「頑固勢力總動員」），引起八國聯軍攻陷北京；翌年訂下「辛丑和約」。

一九〇三、四年之間，日俄戰爭在中國滿洲爆發。

一九〇〇年起，武裝革命運動更加高昂，風起雲湧的革命戰役在中國許多地方接二連三進行，直到一九一一年底止。

一九一二年，中華民國成立，但未幾，袁世凱專政，引起一九一三年七月的二次革命。二次革命失敗，袁世凱益加專政，進一步帝制自為，引起護國軍之役及各方討袁。

一九一六年，袁世凱政權雖然結束，但中國從此進入更加動盪的軍閥混戰時期，長達十二年之久，直到一九二八年，由軍事強人蔣介石，聯合他系軍閥，收拾殘局，號稱「統一」。開始進入由國民黨一黨專政及個人獨裁的訓政時期。但是，緊接著，一九三〇年，由於裁軍問題未能妥善解決，旋又爆發激烈的中原大戰。

一九三〇年，中原大戰甫結束，國民黨政府旋即展開對江西、江蘇地區共軍的圍剿，歷時五年，（即國民黨所謂的「五次剿匪」）。戰況之激烈，死傷之慘重，不下於軍閥內戰及中原大戰。

三〇年代開始，日本侵華日亟：一九三一年有九一八瀋陽事變；三二年有一二八淞滬之役，並製造滿洲國；三三年初，日軍並進入華北，逼使國民政府訂下塘沽協定。

一九三六年底，國共內戰因西安事變而停止，但接踵而來的，是翌年七七事變的爆發，以及隨之而來的「八年抗戰」，原本虛弱的國力更加消耗殆盡。「八年抗戰」結束後，台灣才又納入中國版圖。

從以上的歷史回顧，我們不難發現，自清廷將台灣割讓給日本，到所謂「台灣光復」的五十年間，被台灣人民所「孺慕期待」的「祖國」，其實都在戰亂動盪之中。其間雖有清末的改革與洋務建設，及國民政府在抗戰前的所謂「黃金建國的十年」，但是建設總是趕不過戰火的破壞。根據統計，自一九一二年到一九二八年短短的十七年間，中國境內由一千三百多個大小軍閥發動的戰爭，就有一百四十次以上。而一九一二年到一九三五年之間，四川省境內就出現過四百多次的戰爭。③如此戰亂頻繁的國家，經濟如何發展？文化如何提昇？教育如何普及？社會如何進步？

反觀台灣在日本帝國主義殖民統治的五十年中，除了最後數年因太平洋戰爭的席捲，以及早期局部性的抗日運動外，大抵都處在和平的時期，這是台灣「不幸」割日之後的「大幸」。

再說，台灣雖淪入「異族的魔掌」，但是這個異族，並非「蠻貊之邦」，而是經過明治維新近代化的日本。

儘管日本在台灣殖民統治的本質是剝削與壟斷的，但在其殖民統治的過程中，確也在台灣投下了建設。特別是在兒玉源太郎總督任內（一八九八年二月——一九〇六年四月）起用民政長官後藤新平（任期自一八九八年三月——一九〇六年十一月），奠定日本在台灣的殖民地統治的基礎。在後藤新平的推動下，已完成土地、林野、戶口的調查，以及度量衡、貨幣的統一。對於郵政、電信、航運、港灣、鐵路、道路等，也加緊擴充；在產業方面，將製糖提昇為近代化的工業生產（一九〇〇——一九一〇年間，台灣製糖、新興製糖、鹽水港製糖、明治製糖、大日本製糖及帝國製糖等株式會社相繼成立）；並且振興水力發電事業（一九〇四年建設了第一座發電所）；台灣的財政，到了一九〇四年以後，也開始自立更生。一九〇〇年代可以說是台灣間接透過日本的明治維新，吸收近代世界產業文明而開始脫胎換骨的時代。無怪乎，梁啓超於一九一一年應台灣林獻堂之邀來台訪問時，對於日人治台之方，產生興趣，忍不住提出十大問題，想一窺其究竟。其中第一、二點說：

㈠、台灣隸我版圖二百年，歲入不過六十餘萬。自劉壯肅以後，乃漸加至三百餘萬。日人得之僅十餘年，而頻年歲入三千八百餘萬。本年度預算且四千三百萬矣。是果何道以致此？吾內地各省若能效之，則尚何貧之足為憂者？

㈡、台灣自六年以來，已不復受中央政府之補助金。此四千餘萬者，皆台灣本島之所自負擔也。島民負擔能力，何以能驟進至是？④

梁啓超的問題，已顯示出進入二十世紀之初的台灣，在財經方面的發展，已超前海峽對岸多多矣！這個現象，是極端「中華民族主義者」所不願意承認的。然而，極端中華民族主義者所不願意承認的，還有很多，例如教育的普及化，台人衛生習慣的改良、社會治安的整頓、法治觀念的培養……，都遠遠勝過對岸那個動盪的中國社會。

再者，在「大正民主期」裏，日本自由民權運動與思潮的勃興，影響台灣島內的政治、社會運動。當對岸的「祖國」進入國民黨訓政時期的時候，台灣的知識份子們已組成台灣近代第一個政黨「台灣民眾黨」；當對岸的唐山弟兄姊妹正亡命於內憂外患之時，台灣的人民已有了幾次投票選舉的經驗（雖然那只是日本人勉強施捨的「半地方自治」）。

歷史軌跡的不同發展，孕育出台海兩岸社會的不同體質與不等的生活水準。

二、兩岸的差距

經過五十年的不同發展，台海兩邊已經明顯呈現相當大的生活差距。這種差距，連福建省主席陳儀在親眼目睹比較之後，都不得不承認它。

一九三五年日本駐台灣總督府為了吹噓其在台灣的統治成績，特別舉辦了一次規模龐大的「始政四十年博覽會」，邀請各國政要參觀。中國福建省主席陳儀也應邀來台。陳儀在參觀博覽會後，於一次公開演講中，對台灣人民在日本統治下的進步成就表示道喜。⑤

或許陳儀的道賀過於籠統或主觀。不過，以下的各方面的統計數據，或許可以幫助我們更具體地了解海峽兩岸的生活差距。

首先，我們先從最足以代表一個社會的工業化程度，和生活水準的發電量做比較。一九三六年，全台人口僅中國大陸人口的一．二%，但卻使用全中國大陸二三%的發電容量裝置；一九四四年，全台人口是中國大後方的二．一%，卻使用了大後方的四四二%發電容量裝置。

如果再以終戰前後數年台灣與大陸每人平均分配發電容量作一比較統計來看，見[表七]。⑥

[表七]

年期	中國	台灣	倍數
1932	0.9	9.8	11
1936	1.6	27	17
1943	0.2	46.7	233
1945	0.2	10	50
1947	2.4	30.5	12

單位：瓦

從上列資料看，兩邊社會的差距一目了然。所以，一九四六年九月，上海密勒氏評論週報的記者，在考察過台灣之後，曾報導說：

最低層之農民，亦能有電燈照明，台灣的動力站，凡三十四處，其中二十六處為水力發電，八處是溫泉發電，原有電力為三十二萬瓩，但目前僅有十四萬五千瓩，本島不僅擁有力源，且有雙重變壓器，與西海岸諸電力廠連接，中國除了東北以外，還沒有這樣的水電網堪與之頡頏，這種電力，自可供給一切電力化工廠、鋁廠、水泥廠、造紙廠、肥料及製糖等之需要。⑦

再試從農、工業產值比來對照。一九三二年台灣的農工業產值比為六：四；一九三七年為五：五。而中國大陸在一九三三年的農、工業產值比為九．三：〇．七。可見台灣的工業化程度遠超過大陸。更值得注意的是，台灣農業產值比率已低，卻能輸出所產一半的糧食，而大陸農業產值比率甚高，卻反而每年平均須輸入兩億石左右的糧食。⑧

如果再從教育方面比較，更可一見高下。今僅就台灣與中國大陸戰前數年，學齡兒童就學百分比來看，如[表八]⑨：

[表八]

地區／時間	台灣	大陸
1929	31.1	17.1
1930	33.1	22.1
1931	34.1	22.2
1932	35.9	24.8
1933	37.4	24.8
1934	39.3	26.3
1935	41.5	25.9
1936	43.8	43.4
1937	46.7	
1938	49.8	
1939	53.2	
1940	57.6	
1941	61.6	44.0
1942	65.8	57.5
1943	71.3	62.0
1944	76.0	60.0
1945	80.0	61.0

單位：百分比

尤有甚者一九四六年九月，上海大陸報的外國記者來台灣觀察過後，於九月十日發出的報導中說到：

> 本島普及教育運動，據官報稱：本省識字者已達七十一%，這比中國內地自然要高得多，在日統治時代，台籍適齡童子，均受小學教育。⑩

上海密勒氏報的報導，對台灣的教育則更加肯定。九月五日該報記者發自台北的稿子，談到台灣人的受教水準說：

> 除實際經驗外，他們都受過小學的強迫教育，據有力觀察家估計，四十歲以下的人，沒有文盲，這是一個六百萬人的好省份，人民都受過教育，對現代工業和現代生活，已有經驗，在日本統治下數十年，不斷為爭取自治而奮

鬥，這樣使他們得到自治政府的最大準備，並為新中國蘊藏豐富的模範行省。⑪

從以上各種數據的比較，足以顯示戰前的台灣較諸中國大陸，有長足的進步。這種進步，連國民政府主席蔣介石也都坦白承認。他在「台灣省行政幹部訓練班」致詞時（一九四五年二月，重慶），就說：「日本治台多年，成績甚佳」。日人治台的成績，不僅表現在硬體方面，而且在軟體方面，也有其成效。特別是社會文化的提昇，生活品質的改變。雖然這其中有相當程度的「日本化」，但是日本人將台灣人過去身上所積留的許多中國舊傳統惡習（如不衛生、不守時、不守信、不負責、打馬虎眼……）確實袪除不少。

一九四八年，中國在上海舉行第一屆全國運動大會。台灣隊以優異的成績奪得男子田徑、壘球、桌球、拳擊、排球、足球、舉重等多項冠軍。成為運動會中最受矚目的焦點。這些運動場上的戰果，其背後自有其文化結構上的意義。

台灣當時的進步，幾乎是戰後所有來到台灣的大陸人士所目睹。台灣哲學學者黃金穗主編的《新新》月報就指出：

由內地來的人士，無論公務員、軍人、報導記者，〔甚〕至於一個走水們，都齊聲獎許台灣地方交通、電氣、自來水等等的科學很發達。不但可怪的是內地的學者也有一樣言說，他們說台灣省有世界性的文化。⑫

這種高文化水準的評價，不僅出自台灣本地學者的自信，許多中國大陸的學者、作家，也有同感，以下試舉數段中國大陸人士的評語。

戰後來台的大陸記者江慕雲在《為台灣說話》中，也說：

從祖國來的接收大員、視察大員、旅行觀光的人，還有一班心術極壞的淘金者，幾乎沒有一個不稱道台灣好、台灣富庶、建設好、氣候好、一片和平空氣。……有人說，假如這五十年，不是日本人在經營的五十年，而是我們自己經營的五十年，恐怕基隆還沒有成為現代化的港市吧？這彷彿是感慨，亦可以作為諷刺。⑬

天津《大公報》在二二八事件爆發的前十五天的一篇社論，這樣清楚地談到：

直到現在，台灣比較還是一片乾淨土，我們應該珍貴它，愛護它。說來慚愧，這片乾淨土之所以為乾淨土，還是日本五十年統治的遺產。……台灣人民智識高，習慣好。知道愛國，也知道與貪污鬥爭。人人有生活技能，又不求奢侈享受。這樣純樸而有朝氣的善良國民，正是中國民族的新血液與新希望。

〔中略〕由內地大陸到台灣去的人，都會感到清新、恬靜而舒適。〔中略〕大工廠以千計，工業規模在全國各省首屈一指。⑭

二二八事件後，上海的《新中華》半月刊，也有文章說得極其明白：

台灣在國人的心目中，是一個清潔美麗的綠島，〔中略〕許多人因內地空氣的惡劣，生活的不安，都想舉家遠避，離開京滬，而去台灣，打算在這唯一的乾淨土上，重建他們的生活，發展他們的事業。台灣在光復以後，雖說百廢待興，然而卻有一個很好的基礎。就台灣大學的設備而論，就是內地任何大學所不敢望其項背的，一般人的文化水準，也比內地的高多了。文盲極少，女僕閒來無事，都愛看科學小說。⑮

一位在戰後來台的大陸人士曾器，對於日本人管理機關學校的井然有秩，留下深刻的印象。他說：

我初次到各機關學校去參觀，見到日據時期的管理，都很上軌道，不論是公文用紙的規格、事務用品的統一供應，或是營建採購工作的程序等等，都建立了很徹底的制度……。⑯

而曾器以下的這段回憶，更道出了當時台灣民眾的文化水準：

〔前略〕寶島姑娘美麗熱情，見到我們無不雙手伏膝行一個九十度鞠躬的大禮，在光復初期的各機關學校，都由這些年輕女孩子擔任事務性工作，她們不但負責盡職，而且刻苦耐勞，每逢週末，這些女孩子便自動赤足捲袖，提水沖洗辦公廳的地面。那時街頭巷尾的飲食店，沒有一家會接受顧客的小費，我在一處小吃店用餐，多給了一些小費，店主人用跑步追了我兩條街，硬要把小費還給我；在公共集會場所，進場的人都會除帽欠身鞠躬。⑰

總之，就像上海《亞洲世紀》的一篇文章所指出的：「和內地比起來，台灣仍不失為一塊樂土，各方面的情形也都比內地好，台胞的知識水準、守法精神，儉樸耐勞為旅台者所共見。」⑱

甚至在齊讚台灣進步之餘，有大陸人經過台南縣鹽水鎮，仰頭看到鹽水糖廠煙囪上的大字「鹽水製糖廠」時，驚訝得還真以為台灣進步得連鹽水都可以製糖了！⑲

三、大陸人如何看待台灣人？

儘管台灣的進步，為旅台的大陸人所共見；也儘管大陸人士初來台灣之時，受到台灣人熱情的歡迎。但是，雙方在開始接觸相處之後，彼此的不適應便產生了。南京《中央日報》在二二八事件後的一篇短評中，多少指出其中癥結之所在：「台灣人與內地人，因為心理距離過大，生活習慣相差過遠，甚至語言文字都不相通，其隔閡自可想見，加以政治措施未當，自然容易發生了問題。」⑳

二次大戰後，初抵台灣的大陸人，都會立刻感覺到台灣到處充滿著日本東洋的氣習，彷彿到了日本似的。走在街上，什麼「町」、「丁目」、「番地」等日式地址隨處可見；月台上的小販，口中叫賣的是「べんとうすし」（便當．壽司）；在商店買完東西，儘管老闆禮貌送客，嘴巴冒出來的是「ありがとう」；報紙是中日文並用發行；台灣人寫的公文書，經常出現一些令人啼笑皆非的日式用詞，例如：「仰爾等軍民，一生懸命」、「勤務御都合上」、「開催大會有志一同」……。誠如演員常楓回憶他在戰後初抵台灣時印象所說的：「一到岸上，看到的都是日本風

味：木屐聲、賣魚丸的叫賣聲，按摩女的吹笛聲，感覺又到另一個地方」。㉑

無可諱言的，台灣人經過日本長達半世紀的統治，在言談舉止、待人處世各方面，已有相當程度的「日本化」。特別是在「皇民化運動」時期，許多年輕人已經十足日本風味。這些濃厚的東洋氣息，看在剛剛打完八年對日抗戰、受盡「日本鬼子」欺凌的大陸人士的眼裏，是多麼的刺眼而不自在。

果然，一九四六年年底，新竹市政府就下了一道非常奇異的命令，嚴禁市民使用日式兩齒木屐，並派員警到各製造廠禁止，不准再製造，至於無屐齒平底木屐則不禁穿。《民報》曾為此事發表社論說：

我們不明白，由甚麼原因發出這個禁。第一我們可能猜想，木屐本來是日本人所用的東西，為要掃除日本色彩，推行中國化，所以發出這個禁令。禁止雙齒形而不禁平底形的木屐，恐怕也是因為前一個是日本式而後一個是中國式的緣故。㉒

這個禁穿日式木屐的例子，可以看出新來的大陸人士反對東洋日風之心理。由於對東洋日本氣息的反感，因此也連帶對感染日本氣息極濃的台灣人另眼看待。結果，許多大陸人視台灣人受了日本的「奴化」。動輒以「奴化」加諸於台人。最引起反感而鬧得滿城風雨的是，教育處長范壽康於一九四六年四月廿九日，在台灣省地方行政幹部訓練團的演講中，公開指責台省人排擠外省工作人員是「完全奴化」。引起省參議員郭國基的強烈質詢，認為這是對台灣同胞的侮辱。㉓這種視台灣人受日本「奴化」的觀念，直到二二八事件，官方仍以此為理由來解釋事件的肇因。茲例舉台灣省行政長官公署所編《台灣省二二八暴動事件報告》，將事因歸咎於「日本奴化教育之遺毒」的解釋如下：

日本統治時代因施行奴化教育，對於我國極盡蔑視破壞之宣傳，台胞之年事較輕者（中等學校學生及小學教員為多）對於祖國歷史、地理及一般情形，既茫然不知，而於日人長期先入為主之惡意宣傳，則中毒甚深，彼等大都懷有成見，認為中國一切文物制度，人才學術，均無足取，平時所言皆日本語言（一般青年說日語比台語為熟練），日常生活亦模擬日本方式，幾已死心塌地希望永遠為日本臣民。影響所及，遂使一般青年，殆不知有祖國文化與中國民族傳統精神之偉大，更不知此一時代係何潮流。

被指為「奴化」的台灣人，自然不能心服。試看畫家王白淵的一段不平之鳴：許多外省人，開口就說台胞受過日本奴化五十年之久，思想歪曲，似乎以為不能當權之口吻。我們以為這是鬼話，除去別有意圖，完全不對。那麼，中國受滿清奴化三百年之久，現在女人還穿著旗袍，何以滿清倒台後，漢人仍可當權呢？台胞雖受五十年之奴化政策，但是台胞並不奴化，可以說一百人中間九十九人絕對沒有奴化。只以為不能操漂亮的國語，不能寫十分流利的國文，就是奴化。那麼，其見解未免太過於淺薄，過於欺人。㉔

這些辯駁的文字，似乎無法改變當時一些大陸人對台灣人的印象。

除了「奴化」之外，台灣人留給大陸人的負面印象，還包括有：「胸襟狹窄、感情容易衝動，致遇事欠考慮，難免盲從。」（前台省教育廳秘書潘鼎元的評語）、㉕「受不住氣」（前基隆市長石延漢的評語）、㉖「偈處在小天地中，致容易養成視力短淺和心胸狹隘，於是通常急於提要求，求答案，心直口快，不愛拖泥帶水」。㉗

對於這羣被視為「心胸狹隘」、「視力短淺」、受日本「奴化」的台灣人民，來自中國大陸的一些接收大員便自然以「征服者」、「戰勝者」的態度相臨之。

曾任國民黨台省黨部主委的丘念台，就明白指出：「派台政軍良莠不齊，不免有以征服者態度相臨之輩。」㉘

大陸人接管台灣的五個月後，北平的《民主周刊》早就對這種「征服者」的態度，提出警訊：

接收人員那種耀武揚威的戰勝者姿態，和一個侵略者在別人的土地上有什麼兩樣呢？他們似乎忘記了是自己的土地，那裏的人民是自己的同胞，他們已被日本剝削了五十年，現在該是讓他們喘一口氣的時候。我真擔心不久又要有類似北平「盼中央，望中央，中央來了更遭殃」的童謠呢！㉙

果然，「視力短淺」的台灣人在「盼中央」之後，真的是「更遭殃」了。台灣人果然「受不住氣」、「感情容易衝動」，終於惹起了二二八事件。在事件中，香港《青年知識》雜誌，對於「新征服者」作了以下不客氣的抨擊：

不幸的是，我們的「接收」官員們都是一羣帶有強烈掠奪性的親戚同鄉等關係結合成的封建集團，他們以「新征服者」的姿態出現，用元朝對待南人一樣的態度，對待台灣同胞。他們又從內地帶來了「執法者違法」的精神，營私舞弊，劫收中飽，腐蝕台灣的政治經濟。同時更受獨裁和內戰的影響，征糧征實征兵，接二連三加重台灣同胞的負擔，台灣人民察覺到他們所歡迎的人，很快地便踐踏到他們的頭上，使他們透不過氣來，他們埋怨地說：「盟

▶1947年3月上海出版的《時與文》週刊上的這幅漫畫，反映戰後台灣的處境，也說明了台灣社會與中國社會之間的差異。

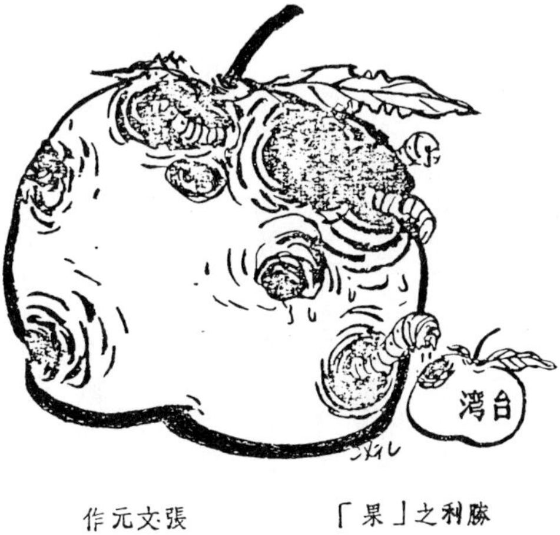

國對日本的懲罰，不過投落了兩顆原子彈，可是對台灣卻是來了一羣貪官污吏」。他們對於「新征服者」，正如農夫對於蝗蟲一樣的憎恨。……一八九五年日本的「接收」，台灣人所得到的，是殖民地的「法治」，可是一九四五年中國的「接收」，台灣人卻又得到「無法無天」的統治，他們覺得前者比後者還要好，最低限度，還有法律根據，不致無所適從。這也是另一個顯然的對照。㉚

從以上這段敘述，正說明了受過日本五十年統治的台灣人，對於來自對岸的「祖國」文化（尤其是政治文化），已經產生隔閡而適應不良。

四、台灣人的「祖國」實感

大陸人對於台灣人的「奴化」與「東洋味」，固然不以為然；但台灣人對於大陸人的許多作風，也難以接受。

台灣人對於原先非常歡迎的唐山弟兄姊妹，開始感到不耐，其主要原因，除了不滿於「新征服者」的許多政、經措施及貪污舞弊的風氣之外，對於許多大陸人的言行舉止，也頗感不慣。以下這段敘述，是一位台籍教員的怨言，頗有參考價值：

祖國來的教師們學問如何，我不敢批評；至於日常生活，卻有些叫我們看不慣的地方。那自然也許是我們不對，但是祖國來的人又一致稱讚我們。這就使我們迷惑了。我們每天除了上課，至少有八小時都在學校；祖國來的教員下了課就好像交了差，尤其是中學教員。我們有各科研究會，研究的題目也許很淺薄，可是我們在研究。祖國來的教員好像不屑於作這種事。他可以在宿舍喝酒，唱「楊延輝坐宮院」，可以遲到曠課，男教員可以領女學生看電影，同事之間可以因戀愛而鬧出「問題」，可以隨地吐痰、擤鼻涕，〔中略〕。

再到社會上看一看，上公共汽車不排隊，不買票就上車的是誰？出入公共場所爭先恐後的是誰？對著「請勿吸菸」的告白大口噴濃菸的是誰？一個人佔幾個座位而「理直氣壯」地同別人爭吵的是誰？不服從交通警察的指揮而強詞奪理地爭辯的是誰？……諸如此類，我從服裝上判斷，似乎其中頗有「文化人」。我決〔絕〕不敢說內地來的人都是如此，也決〔絕〕不敢說本省人沒有一個人如此；但是這些現象確是光復以後才有的。〔中略〕光復以後，祖國來台人士帶來的這樣「生活」究竟是舊的還是新的，真使我迷惑！㉛

像這樣感到迷惑的人，到處皆是。以下，我們再看一段類似的感慨。日治時代畢業於台北師範，曾任小學教員多年的林心，於戰後擔任台南市永福國小的教導主任。他在《六五回憶錄》中，這樣追憶著：

我在永福國校擔任教導主任時候，每天都與外省兄弟教員糾纏，他們服務態度較差，朝會後，沒入教室去上課就來辦公室看報。科任教員上課了，就回家去買菜燒飯。燒飯煮菜充用學校破椅桌作燃料。學級簿冊沒按時提出檢閱。小事鬧大事，每天都有事糾紛，每每向他們注意，他們卻說我們在國內服務時都沒這嚴格，可見國內服務態度較差。

教員的行為尚且如此，等而下之者更不必多說了。林心最後因看不慣這種從大陸傳來的作風，不久便辭去教員的工作，離開杏壇，到一家醬油公司服務。可是，他仍逃不開「祖國文化」的影子。他回憶說：

常去市政府辦公司的公事時，常常看見各科室主管（都是外省兄弟）兩腳放在桌上坐在沙發上看報，不順眼的我，直覺無體裁。㉜

從以上這些活生生的見證，我們不難理解戰後海峽兩岸文化水準的差異，更不難理解當時台灣人面對這種文化摩擦所造成的心理不艮適應。

過去，台灣人厭惡日本人的歧視待遇，罵日本人為「狗仔」。戰後，他們發現他們所熱烈歡迎的祖國，原來完全不是那麼一回事，因此就稱來自大陸的「外省人」為「豬仔」。至於何以稱狗？何以稱豬？「台灣文化協進會」編輯的《台灣文化》有一段這樣的解釋：

本省人把日本人叫做狗，是因為狗是兇惡的動物，日本人很兇惡的壓迫本省人，如狗很兇惡的咬人一樣。但是狗能替主人守門防賊，所以叫他們做狗。

本省人起先很尊敬外省人，後來看透了一部分外省人的行為，有點像豬，因為豬是「不潔不淨」、「光食而不做事」的動物，「不潔不淨」就是貪污，「光食而不做事」就是「做事不負責」，「沒有責任心」的意思，平心而論，像這樣的外省人，實在不少……。㉝

戰後台灣社會流行的一句話——「狗去豬來」，表達台灣人內心的失望與不滿。不滿之餘，他們自然而然將「狗」與「豬」作了比較，他們發現以前所厭惡的「狗」反而可愛起來了。因此，一些台灣人開始懷念起日本人，動不動就開口閉口說：「日本時代如何如何」。《民報》的這段記述，最足以反映當時台人的心情：

因為台灣離開祖國五十一年，做了祖國的犧牲品，在日本帝國主義的鐵蹄下，所學習的日語日歌，都是被強制的。試看光復初時，台胞們滿悅之餘，誰也厭說日語，至於日歌實無從而聽。迨後由內地來的同胞，不肖多於賢達，而又佔了優越的地位，以致台胞們大形失望，終至內外省人的感情隔膜，日趨深刻。於是反動的，緩和了對日本人的惡感，不客氣地說日語、唱日歌，這是台灣現在的實況，很值得憂慮的。㉞

大陸人看到台灣人開始懷念起日本時代，動不動就「日本時代如何如何」，開口閉口又是日語日歌，於是忍不住又痛斥「奴化」，台灣人被指為「奴化」後，又益加不悅，形成循環反應。《民報》社論索性就逆來順受，對「奴化」一詞作了一個反諷的解釋：

自祖國來臨的大先生們，時常說我們奴化，當初我們很憤慨，不知道指什麼為奴化，現在我們已經了解了，奉公守法，即是奴化，置禮義廉恥於度外，才能夠在這個「祖國化」的社會裏生存。㉟

這段反諷的文字，寥寥數語，卻讓我們隱約看到當時大陸人與台灣本地人之間的文化摩擦。這篇社論刊出的八天之後，台灣終於爆發了二二八事件！

【註釋】

①葉榮鐘，《台灣人物羣像》（一九九五，台北，時報文化出版公司），頁四一九。

②橋生，〈林茂生先生的一生—與林宗義教授共懷念〉，手稿；或參林宗義口述，胡慧玲記錄，〈我的父親〉，載胡慧玲《島嶼愛戀》（一九九五，台北，玉山社）。

③見張玉法主編：《中國現代史論集》第五輯（一九八〇，台北，聯經出版公司），頁三、一四二。

④引自黃得時〈梁任公遊台灣〉，《台灣文獻》十六卷三期（一九六五.九）。
⑤George H.Kerr "Formorsa: Licensed Revolution & The Home Rule Movement, 1895–1945"（Honolulu: The Univ. of Hawaii Press. 1974）, P.172
⑥參林濁水，〈台灣是美麗島〉，《八十年代》一卷四期（一九七九.九，台北）。
⑦台灣省行政長官公署宣傳委員會編.《外國記者眼中的台灣》（一九四六，該會發行）。
⑧林濁水，〈台灣是美麗島〉。
⑨林濁水，〈台灣是美麗島〉。
⑩《外國記者眼中的台灣》，頁五七。
⑪《外國記者眼中的台灣》，頁四。
⑫〈卷頭語〉《新新》第三期（1946.3.20，台北）。
⑬江慕雲編，《為台灣說話》（一九四八，上海二二五記者聯誼會），頁一三。
⑭社論〈請愛護台灣這片乾淨土〉，《大公報》（1947.2.12，天津）。
⑮「味橄」，〈由台灣的騷動說起〉《新中華》半月刊，復刊五卷七期（1947.4.1，上海）。
⑯曾器，〈回到四十四年前〉《大成報》，1990.4.17，副刊。
⑰同前註。

⑱李秋生，〈台灣問題的癥結〉《亞洲世紀》二卷二期，1948.8.10，上海。
⑲李建章口述，李筱峯採訪。1990.7
⑳沛人，〈再談台灣事件〉南京《中央日報》，1947.3.11，六版。
㉑《遠見》雜誌五六期（1991.1，台北），訪問常楓部份。
㉒社論〈談談禁用木屐〉《民報》，1946.12.25，台北。
㉓詳見鄭梓，《本土菁英與議會政治—台灣省參議會史研究》（一九八五，著者印行），頁三三二—三三五。
㉔社論（王白淵執筆），〈告外省人諸公〉《政經報》二卷二期，1946.1.25，台北。
㉕江慕雲編，《為台灣說話》，頁一六六。
㉖同前註。
㉗江慕雲編，《為台灣說話》，頁一六四。
㉘丘念台，〈追懷獻堂先生〉《林獻堂紀念集》卷三追思錄（一九七四，台北文海出版社影印本），頁五〇四。
㉙黎保，〈台灣的隱憂〉《民主週刊》第六期，1946.3.18，北平。
㉚史堅，〈台灣的災難〉《青年知識》二〇期，1947.3.16，香港。

㉛洪去火，〈鬼話台灣〉《論語》半月刊一三〇期，1947.6，上海。

㉜林心，《六五回憶錄》，手稿，未刊。

㉝是非生，〈新論理的爭辯〉《台灣文化》二卷二期，1947.2.5，台北。

㉞社論〈台灣人要歸那裏去〉《民報》，1947.1.21，台北。

㉟社論〈可怕的心理破壞〉《民報》，1947.2.19，台北。

第五章　事件的爆發與經過

一九四五年底，是台灣人歡欣鼓舞「重歸祖國懷抱」的時期；一九四六年，則是台灣人心目中的祖國與真實的中國在內心交戰、衝突、煎熬，而產生不適應的時期。在這一年中，台灣人嚐到種種意想不到的苦果——權位被壟斷、經濟被剝削，生活更貧乏、社會不安定、風氣愈腐化……，到了一九四七年初，台灣人從原本熱望變成失望的心情，已經瀕臨絕望的邊緣了。而各方面的癥結，卻仍在惡化之中。

一九四七年二月廿七日，林茂生主持的《民報》當天的社論，為社會不安斷然提出嚴正的警訊。社論中說：

最近物價突變地在高漲，整個的經濟社會在振盪著、人民生活極端困苦，奔走駭告朝不保夕。誰都在希望政府能夠有辦法，切切實實來個解決。人民實在太夠苦了。再提起日本投降時所自設想的美麗遠景，那只有癡人。人民現在沒有絲毫的奢望，只求在最底限度的安定生活。〔中略〕貧者愈貧，富者愈

▲ 專賣風那裡吹著　　葉宏甲

▲二二八事件因專賣局取締私煙的衝突而點燃，漫畫家葉宏甲這幅題為〈專賣風哪裡吹著〉的漫畫，發表於事件的前一年（《新新》月刊第二號），彷彿為二二八事件作了伏筆。

> 富，其中間的距離加緊地在離開，這種社會實在太危險了。社會階層的分化和對立，這是社會不安的根源。這個趨勢走到極端，便會變成整個社會的動亂。①

非常諷刺，也非常靈驗的，就在這篇呼籲要防範「整個社會的動亂」的社論發表的當天，台北市延平北路發生了查緝私菸的衝突，引爆了牽動全島的二二八事件！

一、緝菸血案引燃導火線

一九四七年二月廿七日下午二時許，專賣局查緝員傅學通、葉得根、盛鐵夫等共六人，奉命往淡水港追查香菸走私，但無重大斬獲。於下午六時許，回到台北小春園吃晚飯。飯後轉往太平町（延平北路）一帶執勤。在延平北路、南京西路交會處之天馬茶房附近廊下，查獲一名菸販——四十歲之寡婦林江邁——出售私菸，乃欲將其香菸悉數沒收（據林江邁後來在偵察庭中，作證稱：「他們先把我的香菸拿著手以後，才講是來查緝私菸」②；另據白崇禧回憶稱，該查緝員係因「在飯館吃飯，錢不足買酒吃，遂向老嫗討菸」。③）林婦告以生活困難，跪地苦苦哀求勿將香菸悉數帶走，查緝員不允其請，其中葉得根（卅二歲，福建閩候人①）以手槍槍柄敲擊林婦頭部，以致林婦頭破血流，昏倒在地。圍觀

▲羣眾包圍專賣局台北分局。

◀事件中，台北車站附近被憤怒的民眾搗燬的軍車。一年四個月前，這裡還聚集著許多民眾在歡迎國軍。

▶事件中被民眾搗毀的公務小汽車。

◀大陸籍人士所經營的公司、商家，在事件中遭民眾破壞，圖為中國旅行社的店名被打掉「中國」二字。

的路人羣情激憤，蜂擁而上，喊打之聲四起。查緝員棄車奔逃，羣眾緊追不捨。查緝員傅學通（二十九歲，廣東蕉嶺人），在情急之下，向羣眾開槍，擊中旁觀市民陳文溪（延至隔日不治）。羣情更加激憤，乃將查緝員遺留下來的卡車，連同車上緝獲之私菸，拖到圓環放火焚燒。羣眾繼而湧往警察局和台北憲兵隊，要求交出肇禍的人犯正法，不得結果。一面沿街打鑼，當眾宣佈事件的始末。

嗣後之發展，根據《台灣新生報》的報導：

廿八日上午九點餘鐘，民眾以案件未得解決，又沿街打鑼通告罷市，全市商行，立即響應，相率關門閉戶，民心憤慨，羣情激昂，全市騷動，風聲鶴唳，時有一批民眾，打鼓敲鑼，至太平町一丁目派出所前，該所警長黃某上前欲加制止，都以其平持藉勢凌民，遂將其圍打並搗毀所內玻璃用具洩恨，民眾見已達到目的，就紛紛向本町〔重慶南路一段〕專賣局台北分局前進，各處民眾，先後如山洪爆發般地由四方八面洶湧而至，衝進局裏，毆斃該局職員二名，傷四名，把局裏存貨火柴、香菸、酒及汽車一輛，腳踏車七、八輛……，一件一件由裏面拋出路中放火焚毀，一時火光沖〔衝〕天，迄至一日尚未全熄，所有門窗的玻璃全毀，圍觀的民眾不下二、三千人，憲警聞訊趕到，但無法維持，都各避開歸隊，南門的專賣局亦被包圍，幸門戶早已緊閉，僅打破玻璃而已，下午一點餘鐘，有一陣以鑼鼓為前鋒的羣眾，約有四、五百人趨向長官公署而行，衛兵舉槍阻止羣眾前進，旋聞槍聲卜卜，計約二十餘響，驅散民眾，其後據一般民眾說，市民即死二人，傷四人〔中略〕然而民眾並不因此而散歸回家，反之，情勢愈益複雜，學生全部停課，各機關團體員工，都逃走一空，有一部分民眾蜂擁到本町正華大旅社，衝破門窗，搬出家具物品焚燒，表町〔今館前街〕虎標永安堂等數家的店面玻璃，均遭搗毀，自家用汽車、卡車，在本町、台北車站、圓環（夜市）等地焚毀者，約有十餘輛，外省人公務人員，憲兵警察於南門，台北公園、榮町〔今衡陽路〕、車站本町、永樂町〔今迪化街〕、太平町、萬華等方面被毆打者，為數不少，其中較有名的為新竹縣長、省地政局長，學生也添著熱鬧，下午五點餘鐘，榮町新台公司裏的商品，被民眾擲出路中焚毀，有少數竊盜，想乘機搶竊財物，都被民眾抓住毒打。④

二、各地蜂起

蜂起的民眾於廿八日下午佔據廣播電台（今台北市二二八紀念館），向全台廣播台北緝菸血案所引起的風潮，因此，三月一日起，事件迅速擴及中南部，兩、三天之內，各地響應台北的行動紛紛出現，全島各大城市及部分鄉鎮皆發生騷動，各地憤怒不平的民眾攻擊官署警局，毆打大陸人，發洩一年多來對新政府的怨懣之氣。軍憲員警則開槍鎮壓，各地死傷的消息，頻頻傳出。

基本上，二二八事件是一場城鎮暴動，引起騷動的點，大致散佈於全島各大市鎮。偏僻的鄉間農村，則較為平靜。

以下，是台北發生騷動後，各大市鎮相繼聞風而起的概況：

基隆市於二月廿八日晚，即有青年市民進攻警察局，經憲警及要塞司令派兵開槍鎮壓驅散。當晚軍方即宣佈戒嚴。以後情形略見平靜，直到三月八日下午，國府軍登陸前夕，騷動再起。⑤

新竹市於三月二日開始，有民眾包圍地方法院及市政府，搗毀公務員宿舍，焚毀什物，經憲兵及駐軍出動鎮壓終而潰散。四月，半山人士蘇紹文少將，奉命為新竹防司令，進駐新竹。⑥

台中方面，在聽到台北電台廣播後，楊逵、鍾逸人立即印發傳單，倡議召開市民大會。三月二日，市民大會於台中戲院召開，台共領袖謝雪紅被推為主席，其旗下的「人民協會」的人員積極參與，會後並遊行示威。旋後，謝雪紅成立「台中地區治安委員會作戰本部」，許多青年學生自動前來匯集。武裝隊伍並與官署軍警發生衝突。三月三日，自發性組織起來的各武裝隊伍，奪取了台中市黨、政、軍憲機關。市長黃克立逃逸，後被緝獲。台中縣（舊縣制）縣長劉存忠、專賣局分局長趙誠等皆被拘，全市外省籍公務員及眷屬三百餘名，被集中看管。旋後，各武裝隊伍經過整合，成立「二七部隊」（由鍾逸人任隊長），控制台中地區，謝雪紅試

▲專賣局職員林天福被民眾抓出門外，痛毆倒地之慘狀。原載於《中國生活畫報》，（1947年3月，中國生活畫報社），頁2。

圖積極介入，奪取領導權。⑦

彰化市於三月一日下午，即發生民眾於車站毆打士兵情事。二日，有民眾數百名進入警局毆打警官，搗毀什物，並向市長要求將警局槍械交其保管，市長王一麟允其請。三月三日，全市自市政府以下各機關均為民眾所控制。⑧

嘉義市於三月二日起，空氣開始緊張。下午三時許，由台中南下的三輛卡車載來一批青年，在嘉義市中央噴水池，宣傳呼籲市民響應抗爭行動。當天，嘉義民眾、青年學生大動員，各自編制隊伍，分頭襲擊市長官舍與政府機關，接收警局槍械子彈。三月三日，三民主義青年團嘉義分團與嘉義市參議會聯合舉辦市民大會，成立「嘉義三·二處理委員會」，組織「嘉義防衛司令部」。下午，嘉義的民眾隊伍攻擊第十九軍軍械庫，並控制嘉義廣播電台。四日晨，約三千名嘉義民眾部隊，攻擊軍憲及政府官員聚集的山仔頂的嘉義中學。駐守紅毛埤（今蘭潭）的另一支羅營長的國府軍，開進市區，向市區砲擊，死傷不少市民。吳鳳鄉（今阿里山鄉）鄉長高一生聞電，乃派高山部隊由湯守仁率領，下山支援民眾部隊。國府軍退至紅毛埤，民兵追擊，經過一番激戰，最後國府軍將紅毛埤軍械庫炸毀，撤守到水上飛機場，死守待援。全市外省人公務員除被拘於城市有八百餘人外，其餘二百多人均困

▲二二八事件時的「二七部隊」隊長鍾逸人。終戰之初，他曾揮舞青天白日滿地紅的旗子慶祝「台灣光復」，一年四個月後，卻組織民兵與國府軍對抗起來。

▲謝雪紅

守機場。五日，嘉義的民兵與來援的台中隊、竹山隊，斗六隊、新營隊、鹽水港隊合力發動向水上機場總攻擊，佔領水源地與發電廠，切斷通往機場的水電。國府軍受困，乃派代表媾和，條件為「一、市民武器，交警局集中管理；二、提供機場內國軍白米、蔬菜、水果、香菸。」人民應允停戰。但到了當天下午，國府軍因獲得來自台北的飛機所空投的補給品，未幾即立刻反擊，民兵傷亡三百餘人，陷入苦戰。嘉義市男女學生幾乎大動員，男的參加戰鬥，女的救護傷患，製作便當。國府軍才稍停攻擊。雙方僵持五天。在二二八事件中，嘉義地區可以說是衝突最嚴重、戰況最激烈的地區。⑨

舊台南縣制轄下的斗六、虎尾、東石、北港等地區，也有憤怒的民眾於三月二日夜晚，圍搗區署及警所。縣治所在地的新營，亦發生暴動，縣長袁國欽率領縣府人員走避阿里山。新化、曾文、北門、新豐等區，亦先後發生小規模的騷動。⑩

台南市於三月二日下午情勢漸形緊張，市面上到處聚集遊民學生，至深夜（三日清晨），市區已開始騷動，有民眾進入永樂町等派出所奪取槍枝、子彈。三月三日截至下午六時止，各派出所及第三監獄的槍械，海關倉庫物品，警察局保安隊武器彈藥，為青年學生所接管。六日下午二時，中等以上學校學生要求無武裝遊行，經協調以不通過軍事區域為原則，於是有二千多名學生，持「擁護國民政府」、「確定民主政治」等旗幟，遊行市區。⑪

高雄市於三月三日開始騷動，晚上八時，鹽埕埔一帶集合了三、四千人，圍攻警局，接收武器。全市外省籍公務員約七百餘人，逃入壽山的高雄要塞司令部避難。許多青年學生（以高雄中學學生為主），公開武裝反抗，以高雄中學為行動總部。省立高雄女中的女學生，亦至總部為這些男同學作護理、燒飯、做便當等後勤工作。當時憲兵隊駐在火車站，位於火車站旁的高雄中學武裝反抗總部，便自然以火車站為目標。雙方激烈衝突。學生死傷很多，撤退到火車站對面的長春旅社，由窗口和憲兵隊相互射擊，學生最後彈盡援絕，趁黑夜突破包圍逃出，避入附近三塊厝一帶的民房。⑫

高雄縣鳳山、岡山等地，也於三月四日發生風潮，岡山警所被圍，民眾奪去二十餘枝槍，進攻要塞駐軍，遭駐軍擊退。⑬

屏東市於三月四日開始騷動，市民脅迫市長將警局武器封存，並佔領市府及警察局。五日，武裝民眾攻擊憲兵隊，脅迫空軍駐軍繳械。⑭

宜蘭方面，亦有民眾奪取空軍站宜蘭倉庫及蘇澳軍需倉庫的武器。⑮

花蓮市於三月三日召開民眾大會，約有二千人聚會。四日，青年們分別組織「金獅隊」、「白虎隊」、「青年隊」，並聯合組成「青年大同盟」，許錫鎌任總指揮，分別負責維持治安，收繳武器，並將所得糧食分予貧民，縣府人員見勢紛紛逃避。於是民眾一面要求軍警憲兵解除武裝，一面代管縣府。因民眾組織良好，甚少發生和大陸人嚴重衝突情事。⑯

台東方面，三月三日有民眾數十人，包圍田糧處倉庫，奪取糧食。包圍昌華公司米廠，發現囤糧三百包，民眾並包圍縣長宿舍，縣長及外省籍科長等輾轉經卑南走避延平鄉紅葉村。四日，奪憲警及機場駐軍武器，佔據縣政府及郵電機關。⑰

以上各地的反應，性質並不一致，有些地方確是武裝反抗，如嘉義的民兵、台中的二七部隊、高雄的青年學生兵；但有些地方只是民眾控制警所武器槍械，自行維持地方治安，或要求駐軍繳械，以免傷害民間。

再者，在各地的行動中，參與的份子也相當複雜，包括有青年學生、戰後退伍回來的原台籍日本兵、失業者、地方領袖，但也有地方流氓混跡其中。⑱因此，步調並不一致，性質也多變化。而且受過日本軍事訓練的青年學生，以及當過日本兵的青年，又重穿日本軍服出現，於行動中，又習慣以日本歌動員，也因此引來「受日本奴化」的詬病。在各地騷動當中，部分憤怒的民眾看到「阿山」，不分青紅皂白就毆打。「阿山」一詞，是戰後台灣民間對於來自「唐山」的大陸人的稱謂。由於許多「阿山」的相貌外形不易辨識，因此要考驗對方是不是「阿山」，便以台灣話或日本話詢問對方，如果兩者都不會，便斷定是「阿山」無疑，於是加以拳頭或棍棒，或集中一地看管，許多「外省」大陸人在動亂之中遭到池魚之殃，誠屬無辜，誠如上海《新聞天地》的一篇評論中所說的：「遺憾的他們沒有目標的看見外省人就揍，結果呢，原先作為對象的高貴大員絲毫無損，而遭殃的卻是餓不死吃不飽的小公務員、商人、婦孺……。」⑲

毆打大陸人的情事，在騷動的最初幾天發生，但以後因為各地的「二二八事件處理委員會」的呼籲不可胡亂毆打大陸人，情況較緩和下來，儘管各地發生毆打大陸人情形，但一方面也有許多台灣人，於動亂中保護大陸人，或救助受傷的大陸人，充分發揮人道精神。

三、二二八事件處理委員會

二月廿八日，正當台北市民萬餘人捲入洪流之際，台北市參議會為解決事件，乃於下午二時召開緊急會議，決議全體及省參議會議長黃朝琴赴公署建議，面謁行政長官陳儀，商討對策。市參議會向陳儀表示：由延平北路的緝菸血案而發展到如此情形之原因，是專賣局少數不法人員素與商人勾結營私，該局不能採取在各海口緝捕的拔本塞源的辦法，反而飭派一批不遵守長官命令而帶槍的查緝人員，專門在街頭巷尾查拿貧窮的菸攤，政府對不法的公務員，往往擒而又縱，長官愛護省民、建設本省的衷心，常為少數部屬的欺騙所埋沒，以致上情不能下達，下情不能上達，切斷民眾與長官的聯繫，為免事件的再擴大，請下令禁止軍憲警開槍。陳儀表示，本案的兇手，當須依法嚴辦！不法公務員，亦須嚴處；禁止軍警開槍一事，亦可照辦，惟警察大隊的存在，是為補助警力之不足，警力充足時，自然沒有存在必要。⑳

翌日（三月一日）晨起，警察大隊、軍隊、憲兵依舊放了哨，步槍、機槍聲處

◀二二八事件處理委員會委員所掛的臂章。

處可聞。台北市參議會邀請國大代表、國民參政員及省參議員等組織「緝菸血案調查委員會」，於上午十時假市參議會開會，席上抨擊警察大隊及軍隊無故開槍，決議派出代表黃朝琴（省參議會議長）、周延壽（北市參議會議長）、王添灯（省參議員）、林忠（國民參政員）等人，再謁陳儀交涉，並建議組織「二二八事件處理委員會」，商討善後事宜之處理，陳儀應允，於當日下午五時廣播稱：一、立即解除戒嚴令；二、開釋被捕市民；三、禁止軍警開槍；四、官民共同組織處理委員會。㉑

三月二日，陳儀接見市參議會全體調查委員，並決定四項辦法：一、對參加事件者不追究；二、被捕人民可免保領回；三、死傷者不分省籍，一律撫卹；四、「處理委員會」除官員、參政員、參議員外，准增加各界人民代表。

是日下午二時五十分，「二二八事件處理委員會」假中山堂開會，官方代表民政處長周一鶚、警務處長胡福相、交通處長任顯羣等亦參加，市民旁聽者擁擠不堪。會中，市參議員張晴川報告與陳儀交涉情形。此外，並決定變更該會組織，以增加陣容，採納政治建設協會等意見，由商會、工會、學生、民眾、政治建設協會五方選出代表參加，當即提出名單。主席周延壽並報告，該會決定再擴大，包括省內各參議員、國大代表。會議進行之中，會場外仍頻聞槍聲，委員及民眾多人提出非難，認為開槍均由警察大隊所為，結果一致要求立即解散警察大隊。警務處胡處長答稱，事關機關問題，待長官批准，自當實行。㉒

三月三日，改組擴充後的「二二八事件處理委員會」，於上午十時假中山堂召開首次會議。會中商定軍隊於下午六時撤回軍營，地方治安由憲警和學生青年組織治安服務隊維持。當天下午四時，處理委員會治安組在台北市警察局，召開台北市臨時治安委員會，由市長游彌堅主持，參加者有民意代表、學生代表多人。會中決定成立「忠義服務隊」，以維持治安，以許德輝為隊長，學生青年為主要成員。游市長當場對青年學生代表鼓勵說：治安責任很重，你們學生青年要小心努力維持。㉓沒想到，這些被委以治安重任的學生，在數天之後竟成為國府軍槍下的犧牲品。

三月四日上午十時，「二二八事件處理委員會」假中山堂繼續開會，民眾千餘人守候場外「旁聽」。討論決議事項有：一、擴大「二二八事件處理委員會」之組織，決通知全省十七縣市（當時係舊行政區）的參議會，和人民團體推派代表為當然委員，在各地組織分會；二、推派黃朝琴、顏欽賢（制憲國代）、張晴川（北市參議員）三人往訪警總參謀長柯遠芬，要求禁止武裝隊伍出現街頭，部隊外出購物不必攜械；三、應履行恢復交通諾言，如有意外，當由負責人負責；四、自省內外廣播二二八事件經過，並表示本省同胞乃要求本省政治改革，並無任何其他作用；五、請電力公司不分晝夜向全省不斷送電，俾各戶得以收聽各種消息。㉔

當日的開會，行政長官公署的五名代表已經不來參加。而其會議內容，除議決有關平息事件、維持治安等事項之外，已顯露政治改革的意圖。原本以治標為性質，旨在料理善後的「二二八事件處理委員會」，至此已兼具有治本的用意，而顯露其意欲傾向政治改革的端倪。

而在開會的同時，另一部分的地方領袖蔣渭川、陳炘及學生代表共四十餘人，往長官公署見陳儀。提出三點意見：一、長官對本事件看法如何？蓋本事件發生之遠因，係過去一年餘之政治經濟政策不能依照長官之理想辦理，而產生各種矛盾，因之使本省同胞失望，不能安定民生，此點可由台北發生之事件，波及中南部等地看出；二、關於政治上之改革，可以由本案處理委員會研究一具體辦法，乘此機會改革目前台灣政治；三、長官現在尚被一部分部下包圍，際此嚴重時機，希望長官打開包圍陣，與民眾握手，開誠布公商談，解決根本問題。陳儀答覆稱：「台省政治經濟政策本身甚好，惟實行有未周之處，關於失業問題正設法救濟中，歡迎各界貢獻意見。」㉕

三月五日，二二八事件處理委員會正式通過組織大綱，明白揭櫫「改革台灣省政治」的宗旨。當日下午四時半起舉行大

▲1930年底落成的「台北放送局」，戰後國府接收為台灣廣播電台。二二八事件爆發後，青年民眾據此電台向全島廣播台北的局勢，促成全台的蜂起。事件中，陳儀、二二八事件處理委員會宣傳組長王添灯，以及民間領袖蔣渭川等人，都曾屢次在此廣播。現闢為台北市二二八紀念館。

會，由國民參政員陳逸松任主席，經熱烈討論，通過組織大綱，並草擬政治改革綱領八條。

組織大綱第一條謂：「本會定名為『二二八事件處理委員會』，以團結全省人民，處理『二二八事件』及改革台灣省政治為宗旨。」第二條謂：「本會以達到本會宗旨之日結束。」至於組織的成員，則包括：「一、本省國大代表、參政員、省參議員各選出三名；三、省級人民團體各選出三名，縣市級人民團體選出二名；四、各縣市工會選出二名；五、各縣派出高砂族（原住民）一名；六、中等學校以上各校職員學生各選出一名，但大學各學院係以一單位職員學生各選出二名；七、上列之外由第一號委員推出十名至三十名。」其組織結構：由委員中互選五分之一組常務委員會，常務委員會選出主席團五人代表委員會，並召集委員會及常委會。主席因置秘書室以處理各種事務，常務委員會置處理局及政務局。處理局下置總務組、治安組、調查組、交通組、糧食組、財務組，以處理當前之非常事態為目的；政務局以改革台灣省政治為目的，暫置計劃及交通組，並依時勢之需要，以常務委員會之議另定之。㉖

至於大會中通過的政治改革綱領，其要點：一、公署秘書長、民政、財政、工礦、農林、教育、警務等處處長，及法制委員會過半數，應以本省人充任；二、公營事業歸由本省人負責經營；三、立刻實施縣市長民選；四、專業制度撤銷（菸草酒公司依然存在）；五、貿易局、宣傳委員會廢除；六、人民之言論出版集會自由；七、保證人民生命財產之安全。

至此，二二八事件處理委員會，由一個原本只是在平息事件、料理善後的臨時組織，發展成一個推展政治改革運動的團體。此時，全省各地以縣市參議會為主體的二二八事件處理委員會的地方分會，也已相繼成立，爭相開會，並提出事件處置的對策與政治改革的要求。

三月六日上午十一時，二二八事件處理委員會在中山堂召開正副組長會議，下午補開正式成立大會，出席委員及旁聽民眾三百餘人，會議由省參議員王添灯主持。會中選出常務委員十七名，皆為各級民意代表，名單如下：林獻堂、陳逸松（以上為國民參政員）、李萬居、連震東、林連宗、黃國書（以上皆為制憲國大代表）、周延壽、潘渠源、簡檉育、徐春卿、吳春霖（以上台北市參議員）、王添灯、黃朝琴、黃純青、蘇惟梁、林為恭、郭國基（以上省參議員）。㉗

當天，二二八事件處理委員會並發表告全國同胞書，全文如下：

親愛的各省同胞，這次二·二八事件的發生，我們的目標在肅清貪官污吏，爭取本省政治的改革，不是要排斥外省同胞，我們歡迎你們來參加這次改革本省政治的工作，以使台灣政治的明朗，早日達到目的，希望關心國家的各省同胞，踴躍參加和我們握手，舉著同樣的步驟，爭取這次鬥爭的勝利，親愛的同胞們，我們同是黃帝的子孫，漢民族，國家政治的好壞，每個國民都有責任，大家拿出愛國的熱誠，和我們共同推進，我們很誠意地歡迎，各同胞的幫忙、協助，至於二·二八那天有一部分外省同胞被毆打，這是出於一時誤會，我們覺得很痛心，但也是一個我們同胞的災難，今後絕對不再發生這種事件，希望大家放心出來向這個目標邁進，我們的口號是改進台灣政治。

中華民國萬歲。

國民政府萬歲。

蔣主席萬歲。㉘

從這則聲明可以看出二二八事件處理委員會的姿態愈來愈高，也因此更招陳儀之忌。處理委員會的產生，原本是為了因應事件、料理善後而產生的，而今這則聲明表明事件的發生「目標在肅清貪官汚吏，爭取本省政治的改革」，從語氣上看，彷彿事件的發生是由二二八事件處理委員會所策動主導。聲明中還要求他省同胞一起參加「爭取這次鬥爭的勝利」。這樣措詞積極的聲明，看在台灣政軍最高首長的陳儀的眼中，會作何感想，當不難理解。但是，陳儀仍向全省廣播，表示欣然接受昨日處委會所提的政治改革綱領，希望省民信賴、等待全部解決。實則，這只是陳儀的緩兵騙術而已。

四、陳儀的緩兵騙術

在二二八事件處理委員會的政治改革要求節節昇高之際，另外有一個新成立的團體「自治青年同盟」，也提出政治改革的綱領。這個團體成立於三月五日，成立大會亦於中山堂舉行，報載到會者有青年數萬人，「會場滿溢場外情形甚熱烈」。會中蔣時欽（日治時代抗日社會運動領袖蔣渭水之子）宣讀綱領，其中第一條謂：「建設高度自治，完成新中國的模範省」；第二條謂：「迅速實施省長及縣長民選，確立建國的基礎」；（餘略）。會中，蔣渭川（蔣渭水胞弟）發表演講，宣稱：「我們絕對擁護中央，打倒台省舞弊官僚，此點目標請各位充分把握，同時徹底周知現在情勢，急需組織，但是我們須竭力實現和平解決，不可濫取行動。」㉙

對於這些改革團體的出現，以及要求「打倒台省舞弊官僚」的呼聲，身為台省官僚之首的陳儀，心中當然不悅；但是在擔心星火可能燎原的情境中，陳儀似乎又不得不想辦法藉由這些冀望和平解決的台灣社會領導士紳，如蔣渭川等人來控制場面。

自從事件爆發後，陳儀即曾數度召見蔣渭川，希望蔣渭川能出面安撫街頭上蠢蠢欲動的民眾，制止暴動。蔣渭川則藉機提出政治興革意見，並且再三要陳儀保證不要向中央調兵來台，以免事態擴大。陳儀一再承諾不向中央求兵來台。請看以下蔣渭川與陳儀的一段對話。

蔣渭川率直地說：

總是長官你有二點希望而我也有一點的不安憂慮。昨夜已對張團長〔按：憲兵第四團團長張慕陶〕說過，而張團長願以其頭顱保證，請我安心，剛才長官也曾提起說明保證絕無其事，我也似可安心。但是這數日來，有許多民眾，也有由國內回台的本省人，也有外省人朋友等，對我講過百分之百會被你欺騙。眾說長官在福建主政時，常用瞞騙方法捕殺，甚至屠殺很多的百姓藉以保持政治生命的延長。此次發生事件，長官三番五次請我出來，利用我制止暴動，一面請我會談安頓民眾，遷延時間；一面對中央以虛偽報告，請求派大兵來，果大兵開到時，就忘了一切的諾言，實行武力屠殺人民，慣行在福建主政時的殘酷手段來報復。這個問題我是不相信，也是祈禱天地，使我不必相信這種的話，我是絕對信用長官，及柯參謀長，乃至張團長等的人格。總是有許多人說我會被你欺騙，尤其長官的四圍的人，很不願意長官開誠的態度，聽說常有很強硬的進言，甚為可怕，而剛才長官說要收拾包裹回去，並說如不要外省人在台灣，也可全部使其回去等話，語氣帶有譏刺，雖然長官再有辯明，而我綜合起來，及軍政方面的空氣，好像又有可能會被你們騙去的，究竟如何我們不得而知。我要對長官說一句坦白的話。事到如今，我雖然是被長官三番五次的邀請出來奔走數天的呷(吃)苦，把暴動制平了。民眾雖然有一點不對的行動，也是起因的動機責任在政府。現在已收拾到這樣地步，若是長官果然尚有報復騙殺的觀念，我希望你只騙我一人就好，不可騙殺全省的民眾。我很怕果然國軍一旦開到，而長官下令屠殺，會演變到不可收拾的慘案。台灣的前途不可設想矣，我願犧牲一切個人生命財產，現在我一個人在長官身邊，要捕要殺都是長官的自由，請長官千萬不可施毒計騙屠殺民眾。

陳儀回答：

蔣先生你也未免太顧慮，絕對沒有這樣事。現在本省兵力也不少，而警察憲兵也可足用，若我有這樣惡意，馬上也可以開始屠殺，何必待中央的國軍開來，我是絕對沒有這樣的意思，請你安心就是。㉚

以上這段談話，是三月五日陳儀再召見蔣渭川的對話中的片段。蔣渭川於談話後，很率真地又奉陳儀之請，在電台向全省廣播（時間係該日晚上九點十五分）。在廣播中，蔣渭川說到：

各位同胞我要對大家報告一項事，數日以來常常有人來注意提醒我會被長官欺騙愚弄，長官已向中央請派大兵將要開到，若大兵來到一切的話都無效，必實行屠殺報復。因此我本日會談時也提到此事，追問長官而長官很誠懇的立誓絕不騙我，而也絕無對中央請兵，只求早日息事，倘若違背誓言必受惡報！堂堂的長官有這樣立重誓所約束決定的事，我相信長官不敢欺騙，請大

家安心。㉛

然而，根據警總參謀長柯遠芬的日記透露，陳儀早在三月二日即電請蔣介石主席，派遣整編廿一師的一個加強團來台灣。㉜

而陳儀在向蔣渭川保證不向中央請兵的翌日——三月六日，陳儀又再度呈報南京國民政府主席蔣介石，在電函中表示駐台兵力不足，明白要求中央派兩師的軍隊來台「消滅叛亂」，以下是這通電函中，請求派兵的幾段關鍵語：

自二月二十七日事情發生，奸黨、御用紳士等，即乘機鼓動排斥外省人反抗政黨。緝私誤傷人民，就事論事，本甚簡單，民眾如有不滿，請願可也，提出意見可也。但此次事情發生以後，即發生下列行為，毀壞公私器物，毆打外省人（此次外省公教人員吃虧甚大）散布謠言，奪取槍械，包圍縣市政府，可知其決非普通民眾運動可比，顯係有計畫、有組織的叛亂行為，……此次事情發生後，職之處置甚感困難。就事情本身論，不止違法而已，顯係叛亂行為。嚴加懲治，應無疑義。惟本省兵力十分單薄，各縣市同時發動暴動，不敷應付。〔中略〕對於奸黨亂徒，以武力消滅，不能容其存在。

因此陳儀在電函中向蔣介石要求：

> 台灣至少需要紀律嚴明，武器精良之國軍兩師，派大員主持。〔中略〕為保持台灣使其為中華民國的台灣計，必須迅派得力軍隊來台。如派大員，亦須俟軍隊到台以後，否則亦恐難生效力。㉝

陳儀告訴蔣介石「本省兵力十分單薄」，可是我們在前面介紹陳儀告訴蔣渭川的卻是「本省兵力也不少，而警察憲兵也可足用」，其兩面手法於此可見。事實證明，陳儀對蔣渭川信誓旦旦表示沒有欺騙的同時，那句說沒有欺騙的話，本身就是一句謊言。而數天來，陳儀對二二八事件處理委員會的改革要求，所作的讓步與承諾，其實也只是虛與蛇委的緩兵騙術而已。

陳儀在向中央強化台灣的「叛亂」印象，而要求調兵來台的當天，台灣的「叛亂」是否更加激烈化而致非派兵來台不可嗎?以下，我們就來檢視一下當天（三月六日）新聞報導的各地動靜。這是三月六日《台灣新生報》的幾則新聞標題：

〔台北〕市內商店全部開市／交通均恢復學校照常上課（一版）

台中市連日情況／市區秩序已恢復（二版）

台南市內已告平靜／軍政民共同商洽處理辦法（二版）

花蓮民情極為平穩／軍隊自動撤回兵營／憲兵表示不干涉民間行動（二版）

彰化曾一度騷動／三日秩序完全恢復（二版）

嘉義羣情不安／陳少將抵地接洽／紅毛埤方面衝突停止／機場衝突尚未告平靜（二版）

以上新聞，除了最後一則外，其餘都顯示出，許多地區的秩序，已在恢復當中，這是二二八事件處理委員會及各地分會的組成及功能發揮，有以致之。可是在秩序逐漸恢復的情況下，陳儀一面佯裝接受改革要求，一面卻秘密要求中央派兵來台。而且，在中央派兵未到之前，陳儀的開明形象仍繼續維持著，讓許多不懂中國官場文化的天真台灣人信以為真。

陳儀在三月六日給蔣介石的電函中，除了要求派兵台灣之外，也提出將「行政長官公署」改為「台灣省政府」、各廳處盡量起用本省人，以及縣市長民選的建議。當天晚上八點半，陳儀在台北廣播電台向全省廣播這項「為民請命」的消息，甚至還故作開明決定：「在縣長未民選之前，現任縣市長之中，當地人民認為有不稱職的，我可以將其免職，另由當地縣市參議會共同推舉三名人選，由我圈定一人，充任縣市長……。」㉞然而，在廣播中，對於他已要求中央派兵一事，卻隻字不提。經此廣播後，許多縣市還信以為真，煞有介事地推舉出縣市長候選人要讓陳

◀深得人望，頗富正義感的台南著名律師湯德章。事件中，他被綁赴台南市民生綠園槍決。臨刑前，巍然聳立，不遵從劊子手之令下跪。

▲花蓮縣參議會議長、制憲國大代表張七郎醫師，和兩個醫師兒子張宗仁、張果仁，於同一天遭駐軍無故槍殺。父子三人後來被合葬於鳳林鄉的住家後院。

儀圈選。例如像台南市，於三月八日選出黃百祿、侯全成、湯德章三名市長候選人，殊不知此時中央已派兵開往台灣途中，三天後，三名候選人之一的湯德章，不但沒有被圈定為市長，反而被逮捕槍決；花蓮縣的名醫、制憲國代張七郎，也以最高票被推為花蓮縣長候選人，可是最後不但縣長沒有當成，卻連同兩個兒子一起遭軍隊逮捕，父子三人同遭槍斃於鳳林的荒郊野外。

陳儀在向中央求兵的同時，他一方面卻又致函二二八事件處理委員會，賦予該會以官定的地位，信函全文如下：

茲啓者：二、二八善後事宜，各方代表紛紛來見，建議辦法莫衷一是，惟關於善後辦法，已組織二、二八事件處理委員會，該會本可容納民眾代表，今後各方意見希均先交處理委員會討論，擬足綜合的意見後，由該會選定代表數人，開列名單向本署建議，以便採擇實施，此致

二二八事件處理委員會

行政長官陳儀㉟

看了這封公函，誰能料到，兩天之後，中央的援兵一到，二二八事件處理委員會立刻被陳儀視為非法組織而遭整肅。處委會被視為非法組織的主要「罪由」，便

是著名的「四十二條處理大綱」。

五、高雄屠殺先登場

關於「四十二條處理大綱」，容次節再談。此處不能不先插入的一段話題是，彭孟緝在高雄造成的一場屠殺。比起陳儀，駐守在高雄鼓山要塞的司令彭孟緝，顯然更加不知節制而提早大開殺戒：三月六日，高雄市的二二八事件處理委員會在高雄市政府禮堂召開會議，會中推派代表上山與要塞司令彭孟緝交涉，希望禁止他的巡邏隊再繼續射擊市民或威脅委員會，要求彭孟緝撤退那些巡邏隊，而在處理委員會討論改革建議期間，將軍隊暫留軍營內，不要外出。被推派的代表有市長黃仲圖、市參議會議長彭清靠，及林界、涂光明、曾鳳鳴等人。不料，代表一行上山

▲他是高雄要塞司令彭孟緝，在釀成高雄大屠殺之後，受蔣介石贈勳獎勵，拔擢為台灣警備總司令。

▶高雄市著名的醫學博士彭清靠醫師，是彭明敏的父親。終戰之初，曾擔任高雄的「歡迎國民政府委員會」的主席，1946年3月當選高雄市參議會議長。二二八事件中，代表事件處理委員會赴高雄要塞與彭孟緝交涉協商，不料卻被逮捕，同行三人遭槍決，彭清靠雖僥倖不死，但飽受苦刑與凌辱，從此看破中國政治。

後，彭孟緝將彭清靠、涂光明、林界、曾鳳鳴四人綁押起來（被綁押的四人，除彭清靠之外，其餘三人遭彭孟緝下令槍決），只放市長黃仲圖下山。黃市長在還未回到處理委員會以前，彭孟緝已命士兵從山上開入市區，包圍正在市府禮堂開會的二二八事件處理委員會，部隊將市府大門封閉，然後以機槍向開會人士掃射。楊金虎在他的回憶錄中，提到這場屠殺說：

> 果然是死於非命者，市參議會議員有王石定、黃賜、許秋粽、陳金能，其他市民代表者亦有數十名，或死在市府禮堂，或來不及逃跑，死在辦公室，及市府前後空地，死狀至慘……。㊱

這次的屠殺，本可避免，彭孟緝卻任其發生。事後彭孟緝非但沒有受到任何責任追究，反而受到蔣介石的贈勳頒獎，並被拔擢為台灣省警備總司令。

六、四十二條處理大綱

省級的「二二八事件處理委員會」經過數天開會，人多嘴雜，秩序愈來愈亂。誠如《中外日報》的一篇社論所描述的：「看這幾日來的開會狀況，只有熱鬧，只有興奮，而不大有秩序，各團體的代表有時出席，有時不出席，而且沒有設席座的順序，致不能明瞭出席人員的多少。又委員會互相爭先發言，旁聽人也都可以隨便發言，影響會議不能順利進行……。」㊲一些不諳中國官場文化的委員，還真以為這個省級的處委會，是台灣的最高政治會議，是推動政治改革的總樞紐，因此改革的意見與方案，一條一條地在混亂的會場中，紛紛出籠。

三月六日下午，「處委會台北市分會」成立，由王添灯任主席，會中對於昨天省級處委會所通過的「政治改革綱領」認為應加以補充並具體化，乃推王添灯負責起草更具體的改革方案。王添灯膺此重任，乃委請其《自由報》同仁潘欽信、蕭友

三、蔡慶榮（這些都是社會主義者）研究更具體的政治改革方案，最後由潘欽信執筆，草擬成三十二條的「處理大綱」。

翌日（三月七日），身為省級「處委會」宣傳組長的王添灯，帶著這三十二條「處理大綱」到中山堂，繼續參加省級的二二八事件處理委員會的開會。這一天開會，旁聽的人特別多，會場秩序也比往日更混亂。

開會時，王添灯首先對會場混亂的秩序表示遺憾，隨後他說了一番語重心長的話：

當局對於我們的政治改革要求，都無不接受，但是諾言與實行是兩回事，沒有付諸實施的諾言，對我們有何用呢？數天來，各位委員和一般旁聽的同胞，都提出許多意見，今天已到了可以總結這些意見的時候了。台灣的政治改革不是天天在這裏鬧個不休就可以實現，所以我今天提出對於此事件的處理和政治改革的最後方案，要求當局付諸實施。當局若只有諾言，而付諸實施，則該怎麼辦，我無須在這裏說明了。㊳

王添灯接著說明他草擬的三十二條「處理大綱」。分為「對目前的處理」七條，及「根本處理」二十五條（其中軍事方面五條，政治方面二十條，全部內容如下：

一、對於目前的處理

㈠政府在各地之武裝部隊，應自動下令暫時解除武裝，武器交由處理委員會及憲兵隊共同保管，以免繼續發生流血衝突事件。

㈡政府武裝解除後地方之治安由憲兵與非武裝之警察及民眾組織共同負責。

㈢各地若無政府武裝部隊威脅之時，絕對不應有裝械行動，對貪官污吏不論其為本省人或外省人亦只應檢舉轉請處理委員會協同憲警拘拿，依法嚴辦，不應加害惹出是非。

㈣對於政治改革之意見可條舉要求條件向省處理委員會提出，以候全盤解決。

㈤政府切勿再移動兵力或向中央請遣兵力，企圖以武力解決事件，致發生更慘重之流血而受國際干涉。

㈥在政治問題未根本解決之前政府一切施策，（不論軍事、政治）須先與處理委員會接洽，以免人們懷疑政府誠意，發生種種誤會。

㈦對於此次事件不應向民間追究責任者，將來不得假藉任何口實拘捕此次事件之關係者。對於因此次事件而死傷之人民應從優撫卹。

二、根本處理

甲、軍事方面：

㈠缺乏教育和訓練之軍隊絕對不可使駐台灣。

㈡中央可派員在台徵兵守台。

㈢在內陸之內戰未終息以前，除以守衛台灣為目的之外，絕對反對在台灣徵兵，以免台灣陷入內戰漩渦。

㈣本省陸海空軍應盡量採用本省人。

㈤警備司令部應撤銷，以免軍權濫用。

乙、政治方面：

㈠制定省自治法為本省政治最高規範，以便實現國父建國大綱之理想。

㈡縣市長於本年六月以前實施民選，縣市參議會同時改選。

㈢省各處長人選應經省參議會（改選後為省議會）之同意，省參議會應於本年六月以前改選，目前其人選由長官提出交由省處理委員會審議。

㈣省各處長三分之二以上須由本省居住十年以上者擔任之（最好秘書長、民政、財政、工礦、農林、教育、警務等處長應該如是）。

㈤警務處長及各縣市警察局長應由本省人擔任，省警察大隊及鐵道工礦等警察即刻廢止。

㈥法制委員會委員須半數以上由本省人充任，主任委員由委員互選。

㈦除警察機關之外不得逮捕人犯。

㈧憲兵除軍隊之犯人外不得逮捕人犯。

㈨禁止帶有政治性之逮捕拘禁。

㈩非武裝之集會結社絕對自由。

⑾言論出版罷工絕對自由，廢止新聞發行申請登記制度。

⑿即刻廢止人民團體組織條例。

⒀廢止民意機關候選人檢覈辦法。

⒁改正各級民意機關選舉辦法。

⒂實行所得統一累進稅奢侈品相續稅不得徵收任何雜稅。

⒃一切公營事業之主管人由本省人擔任。

㈦設置民選之公營事業監察委員會，日產處理應委任省政府全權處理，各接收工廠應置經營委員會，委員須過半數由本省人充任之。

㈧撤銷專賣局，生活必須品實施配給制度。

㈨撤銷貿易局。

㈩撤銷宣傳委員會。

王添灯提出這三十二條的「處理大綱」後，混亂的會議中，又有人追加十條，內容如下：

㈠本省陸海空軍應盡量採用本省人。

㈡警備司令部應撤銷，以免軍權濫用。

㈢限至三月底台灣行政長官公署應改為省政府制度，但未得中央核准前暫由二二八事件處理委員會之政務局負責改組，用普選公正賢達人士充任之。

㈣處理會之政務應於三月十五日以前成立，其產生方法，由各鄉鎮區代表選舉該區候選人一名，然後再由該鄉市轄參議會選舉之。其名額如下：〔略〕

㈤勞動營及其他不必要機構，廢止或合併，應由處委會政防局檢討決定之。

㈥日產處理事宜，應請准中央劃歸省政務局自行清理。

㈦高山同胞之政治經濟地位及應享之利益，應切實保障。
㈧本年六月一日起，實施勞動保護法。
㈨本省人之戰犯及漢奸嫌疑被拘者，要求無條件即時釋放。
㈩送與中央食糖十五萬噸，要求中央依時估價，撥歸台灣省。

這十條內容，與原先的三十二條有雷同或相似之處，但因會場秩序混亂，無從整理，因此，原先的三十二條以及後來追加的十條，共四十二條，便在會議中照單全收而通過了。沒想到，這四十二條要求，在兩天之後，便成為「反抗中央背叛國家陰謀」的罪證，成為大屠殺的藉口。

當天（三月七日）開會到下午四時多，會後，由黃朝琴、王添灯等人將四十二條面呈陳儀，陳儀接後，異常震怒，斷然拒絕。關於當時的現場情形，楊亮功根據在場的國大代表吳國信的說明，有如下的描述：

陳儀於公署四樓接見黃朝琴等，批閱綱要敘文未畢，忽赫然震怒，將文件擲地三尺以外，遂離座，遙聞厲聲，毫無禮貌而去。眾皆相顧失色，欲推吳國信修改敘文，吳辭。卒定刪去敘文再遞。㊴

原來，在四十二條的條文之前，有一段說明事件的原因與經過的敘文，其中在說明事件的原因時，對陳儀有相當不客氣的指摘，原文如下：

這次本省發生的二、二八事件，其發端雖然是由於專賣局查緝私菸，屢次搶奪攤販之商品財產，已不歸公，又常以槍桿毆打菸販，且於二、二七夜，在台北市查緝私菸時，開槍擊斃人命而激起公憤，生出衝突的事件。這事件於二、二八在台北發生，即時波及全省，到處發生軍民之衝突和流血的慘狀。現在除臺北市內暫時復歸和平狀態之外，其他各地還在繼續武裝混戰的地方也不少。這樣廣泛而大規模的事件，是由查緝私菸槍斃人命這樣單純的原因所能發生的嗎？決〔絕〕不是！查緝私菸槍擊人命不過是導火線而已。這次的事件完全是全省人民對於一年餘來之腐敗政治的不滿同時爆發的結果。

本省光復一年餘來的政治狀況是一面陳長官在公開演講的時候說得如花似錦，說要怎樣為人民服務要怎樣謀民生的安定。但實際上，大小貪污互相搶奪接收之敵產者到處有之。弄文舞法或倚藉武力以欺壓人民者比比皆是。人權不能得到保證，言論出版失去自由，財政破產，物價繼續騰貴，廠礦倒閉，農村日益衰微，失業者成羣，無法營生者不可勝算，全省人民不堪其苦，敢怒而不敢言，因此次專賣局貪官污吏之暴行，全省民之不滿遂同時爆發。

由此可知此次事件根本是由腐敗之結果而來，已非只因專賣局官吏之不法行為所致，亦非由於省界觀念而發生的事件。故對此次事件，整個台灣政府應負全部責任。㊵

從以上內容看，儘管對陳儀的指責相當尖銳，但完全構不成「叛亂」的條件。陳儀在未看完敘文，就「將文件擲地三尺以外」，可見連三十二條（或謂四十二條）的內容都尚未目擊，他就採否定態度了。三十二條後來被視為反叛中央，其實是事後的追加解釋與認定。

三十二條後來仍為陳儀所拒絕，但是處委會的宣傳組長王添灯，仍於當天（三月七日）下午六時到台北廣播電台廣播，說明二二八事件的原因和經過，宣讀三十二條內容，並報告被陳儀拒絕的詳情。最後王添灯沈痛地說，處委會的使命已經完了，從今以後，這次事件已不能單由處委會來處理，只有全體省民的力量才能解決，希望全體省民繼續奮鬥！

陳儀對處委會提出的三十二條（或謂四十二條）處理大綱突然翻臉不認帳，主要關鍵在於他確知中央已決定派兵來台。根據赴台鎮壓的二十一師師長劉雨卿後來的回憶，劉在三月五日即已接奉國防部及蔣介石的命令，「師屬各部應立即準備赴台」，三月六日，劉雨卿飛抵南京晉謁蔣主席，蔣介石面授機宜，並發給六百枝手槍。三月七日上午，劉雨卿由南京乘美齡號專機飛台灣，旋即晉見陳儀，面陳蔣介石的意旨。㊶足見陳儀從劉雨卿口中得悉蔣介石派兵意旨時，處理委員會還沒有通過三十二條大綱（可能正在討論中）。所以等到王添灯等人向陳儀提出三十二條大綱時，陳儀已是有恃無恐，因此一反過去虛與蛇委的姿態，斷然翻臉拒絕。

再據警備總部參謀長柯遠芬三月四日的日記，謂：「我經過周密的考慮後，才決定作軍事上萬全的準備，一俟他們叛國的罪證公開後，馬上即使用軍事力量來戡亂。」㊷足見陳儀統治當局早已有了預設立場的「內定結論」，後來的三十二條「叛國罪證」，只是「派兵戡定叛亂」的藉口而已。

陳儀對處委會的態度轉趨強硬，斷然嚴拒三十二條（四十二條）要求，正說明著處委會已面臨了危機，而整個局勢也進入更緊張的地步。處委會中顯然有許多人已意識到危機的來臨，因此，在三十二條（四十二條）處理大綱發布的隔天（三月八日），處委會忽然戲劇性地在報上發布了一則完全推翻三十二條處理大綱的聲明。全文如下：

查三月七日本會議決提請長官採納施行之三十二條，因當時參加人數眾多，未及一一推敲，例如撤銷警備總部，國軍繳械。幾近反叛中央，絕非省民公意，茲經再度商議，認為長官既已聲明，改組長官公署為省政府，盡量速選省民優秀分子為省府委員，或廳處長，則各種省政之改革，自可分別隨時提請省府委員會審議施行，無須個別提出要求，至於縣市方面，長官已電請各縣市參議會，斟酌情形，分別推薦縣市長候選人，圈定授職，藉以辦理民選縣市長之準備事宜，似此省政概有省民參加，縣市政府亦由省民主持，則今後省政自可依據省民公意，分別改革，亦無須個別另提建議，根據上述見解，本會認為改革省政之要求，已初步達成，本會今後任務，厥在恢復秩序，安定民生，願我全省同胞，速回原位，努力工作，並請本市各校學生，自下星期一，照常上課，各業工人，即日分別復工，治安暫由憲警民協同維持，即希各公私工廠，速即開工，盡量容納失業工人，倘有不法之徒，不顧大局，藉詞妄動，即係另有用意，應請全省同胞共棄之，除再向當局交涉，嚴禁軍警肇事外，謹布區區。中華民國卅六年三月八日㊸。

從三月七日的三十二條（四十二條）聲明，到翌日的推翻三十二條的聲明，處理委員會在一夕之間作了一百八十度的改變，這之間顯示出處委會的內部問題：不僅成員複雜、步調不一，觀點分歧，而且政治動機互異。甚至有人認為，處委會已有特務人員混跡其中，故意提出激烈的要求，利用混亂的會場秩序通過，以便嫁禍處委會。㊹

三月八日中午憲兵第四團團長張慕陶來到中山堂，對二二八事件處理委員談話。除肯定政治改革目標之外，呼籲勿牽涉軍隊之事以刺激中央，並表明願以生命擔保中央絕不調兵來台。張慕陶說：

同胞在求政治之改革，同胞皆想恢復秩序，然其中有少數野心分子，從中搗亂，祖國二十年來之大動亂，亦是有延安等野心家，企圖奪取全國政治而引起者，吾人要求自治，非常正當，但勿使政治落於野心家之掌中，須由本省社會公正人士，把握民主政治，本省之前途，方能樂觀，再則請勿牽涉軍隊，駐軍之憲兵，要塞部隊及飛機場之部隊，為數不多，均屬中央之國軍。據報載，此次提出之要求，除憲兵以外，要解除軍隊武裝，本人深望不要如此做，勿將軍隊捲入於政治的漩渦，如果解除軍隊武裝，勢必刺激中央，各武裝部隊，均已遵守民眾之要求，不准離開兵營，各地所發生之衝突，是因向兵士繳械而起，假使民眾不向兵士繳械，決不發生衝突事情，希將此事轉達民眾，聽候中央命令，以圓滿解決事件，蓋槍桿為軍隊之生命，若要向其繳械，危險之事，勢必發生，余願保證，倘不發生繳械，則社會必無動亂，要向各位特別報告者，本省此次之要求改革政治，甚為正當，中央一定不會調兵來台，蔣主席蒞臨之時，亦以建設新台灣勗勉，切望各位相信中央社，則此次之政治改革，必能博得其同情，故望全省同胞之動作，切勿刺激中央，大家協力維持秩序，本人決以生命擔保，中央決不對台灣用兵，……。

㊺

處理委員會當天發布取消三十二（四十二）條成案的聲明，是否直接受張慕陶的勸說有關，不得而知。但是，儘管處委會已經正式宣布取消三十二條，做到了張慕陶所勸說的「勿牽涉軍隊之事以刺激中央」，也儘管張慕陶願以生命擔保中央決不調兵來台。可是，正在他發誓擔保的同時，蔣介石派往台灣的二十一師，早已經快來到了基隆外海，而在當天（三月八日）下午抵達基隆。

有了軍隊的抵達，陳儀完全不再理會處委會。三月十日的中央社駐台記者，發出了陳儀解散二二八事件處理委員會的消息：「台省『二二八』事件處理委員會近日之行動，越出改革政治範圍，跡近反叛祖國，陳儀長官今日下令予以解散。〔中略〕陳氏又稱：『至於國軍移駐台灣，係為保證全省人民，消滅叛徒，決無其他用意。』」㊻

七、蔣介石不聽警訊

據陳儀的報告，二二八事件自發生起至三月六日之間，共有兩次電文呈報蔣主席，第一次即二十八日向蔣介石簡報事件之發生及實施臨時戒嚴情形，由於該摘錄電文中未提及派兵之事，無從判斷有請兵之事。第二次電文係於三月一日發出，雖然內容不詳，但其給蔣氏的印象是情況並不嚴重。㊼

不過，前已述及，根據警總參謀長柯遠芬稱，三月二日陳儀言已電請主席派整編二十一師一個加強團至台。㊽又據一位當年在陳儀身邊負責收發信件的人員舒桃（本名舒元孝）指出，㊾一九四七年三月一日早上，台灣警備總部參謀長柯遠芬來面見陳儀，要求指示處理羣眾聚集的方式，陳儀表示要等候蔣介石命令，隨後事態愈形嚴重，柯遠芬要求動武，陳儀只得發電報向蔣介石請示，晚上即傳來回電，舒桃經手該電報，親眼看見該電文中寫明「格殺勿論」、「可錯殺一百，不可錯放一人」等字。在目前可查到的史料中，雖無上述舒桃所言之資料。不過，蔣介石這種「格殺勿論」的處斷方式，並非無前例可循，試看一九三六年西安事變前，中國的愛國學生在西安市示威請願時，張學良替學生向蔣介石請命，蔣介石卻怒斥道「對於那些青年，除了用槍打，是沒有辦法的。」㊿揆諸蔣介石過去這種迷信赤裸裸暴力的性格，他在面對「新征服區」台灣的羣眾抗議事件，可能採取「格殺勿論」態度，似乎也就見怪不怪了。

自三月一日凌晨，南京中統局接到台灣調查統計室的十萬火急電文，報告事件的發生起，以後每天急電二次，中統局局長葉秀峯向蔣介石主席建議，加派勁旅三師赴台。中統局刻意強調事態之嚴重，例如五日電稱參加暴動者，多屬前日軍徵用之海外回來浪人，全省計約十二萬人。憲兵團長張慕陶亦指稱台灣局勢已演變至「叛國奪權階段」，地方政府完全失卻統馭能力，暴民已收繳各地軍警武器，總數在四千枝以上，而指責陳儀「似尚未深悉事態之嚴重，猶粉飾太平。」(51)

但是蔣介石並非只接到在台特務單位的單方面情報，在另一方面，三日上午「二二八事件處理委員會」議決，上電蔣主席報告事件真相，旋於下午四時以台灣省民眾代表大會之名義上電，指控長官公署放任軍警胡亂開槍，射殺民眾，惹起省民公憤，光復以來政治惡劣，不法橫行，屢經省民要求改善卻一無效果，籲請中央速派大員來台調處以平民憤，並速實行地方自治。㊾同日（三日），台灣旅滬同鄉會理事長李偉光代表也上書蔣介石，請求徹查慘案真相，嚴懲慘案造成的法律和道德責任，以及澄清吏治，以新台人耳目。㊿由上可見，蔣介石在同時也接到來自台灣民間的意見與聲音。但是，很明顯的，他只聽取在台情治單位的片面之詞，而對於民間的聲音，似乎置若罔聞。

尤有甚者，在南京的美國大使館得到蔣介石決定派兵來台的消息後，也於三月七日向蔣介石查詢，旅滬的台灣同鄉團體也透過外國領事館轉達電文，謂：「若派兵赴台，將使情勢嚴重化。」然而蔣介石對於這些警訊，全然置之不理，並且還特別將其「置之不理」的態度電告陳儀。電文如下（原文未加標點）：

台灣陳長官：據美使館接其台灣領事來電稱，請美使即派飛機到台灣接其眷屬離台，以為今後台灣形勢恐更惡化云。美使以此息告余，一面緩派飛機，一面覆電問其領事究竟如何云，又接台灣政治建設促進會〔按：應是「台灣政治建設協會」〕由外國領事館轉余一電，期間有請勿派兵來台，否則情勢必更嚴重云，余置之不理，此必反動分子在外國領館製造恐怖所演成……。

54

蔣介石不理會台灣人民團體及外國使館之勸告。又於三月十日的總理紀念週上，說：

緣自去年收復台灣以後，中央以台灣地方秩序良好，故未多派正規軍隊駐紮，地方治安悉由憲警維持。一年來台灣農工商學各界同胞，原有守法精神與擁護中央精誠之表示，其愛國自愛之精神，實不亞於任何省份之同胞。惟最近竟有昔被日本征兵調往南洋一帶作戰之台人，其中一部份為共產黨員，乃藉此次專賣局取締攤販，乘機煽惑，造成暴動，並提出改革政治之要求，中央以憲政即將實施，而且台灣行政本應早復常軌，故凡憲法規定地方政府應有之權限，中央儘可授予地方，提前實施。陳長官秉承中央指示，以公開宣佈定期改設省政府，取消長官公署，並允於一定期限內，實施縣長民選，全台同胞皆對此表示歡欣，極願接受，故此次不幸事件，本已可告一段落。不料上星期五（七日）該省所謂「二二八事件處理委員會」突提出無理要求，有取消台灣警備司令部，繳卸武器由該會保管，並要求台灣陸海軍皆由台灣人充任，此種要求已踰越地方政治範圍，中央自不能承認，而且昨日又有襲擊機關等不法行動相繼發生，故中央已決定派軍隊赴台，維持當地治安。㊺

依蔣介石的說詞，他決定派兵赴台一事，乃是因為「二二八事件處理委員會」提出「無理要求」之故。蔣介石所提及的有關二二八事件處理委員會的要求，是否真的「踰越地方政治範圍」，姑且不論，但是假設其要求果真已踰越地方政治範圍，充其量也僅只是「要求」而已，中央儘可不必答應其要求，何以竟將「要求」視成「叛亂」？世上難道有地方人民向中央政府要求讓他們叛亂的邏輯嗎？若真要叛亂，何須向中央提出要求？

至於蔣介石談話中所謂「昨日又有襲擊機關等不法行動」，亦有待商榷，蓋其所言之「昨日」應係三月九日，然而三月八日下午蔣介石所派的軍隊二十一師已抵達台灣，在基隆登陸並展開屠殺（詳見次節），且軍隊於當晚就進入台北。所以三月九日若真有襲擊機關之行動，也是在軍隊進入台北之後的事，既然派兵在先，襲擊機關在後，何以「後事」會成為「前事」之因？真是荒唐至極。

其實蔣介石決定派兵，早在三月五日就已做成決定（前已述及），當時二二八事件處理委員會尚未提出四十二條要求。

八、鎮壓與屠殺

根據中央社三月九日發自台北的電訊稱，三月八日下午（也就是二十一師即將登陸的數小時前），基隆、台北有「暴民」再度攻擊官署，報導中說：

五日來之表面平靜局面，已被昨夜之不斷槍聲所擊破，台人中之青年暴徒，昨日下午二時攻擊基隆要塞司令部，當被擊斃二人，基隆旋即戒嚴，台北市亦有暴徒分組發動攻勢，昨夜十時半圓山海軍辦事處首被襲擊，其他暴徒則分別攻擊供應局倉庫，警備總司令部陸軍警察及公署，頓時步槍、機關槍及手榴彈聲大作，約歷一小時。閩台監察使楊亮功昨午即乘海平輪自閩抵達基隆港，下午十時始能登岸，同輪抵台者有憲兵兩營，楊氏兩員劉啓堃亦乘載運憲兵之卡車於今晨二時自基隆出發，行至中途，遭遇暴徒之阻截，互相開槍，憲兵一人受傷，劉啓堃亦被擊斷手指。楊氏幸先移動座位，未遭意外，然亦飽受虛驚，並曾跌於車旁，彼等三時始抵台北，今據楊氏稱：「暴徒攜有步槍、手榴彈及小炮。」台北徹夜槍聲不絕，死傷未明。今晨六時，全市戒嚴，軍憲出動佈崗，禁止暴民集團通行，槍聲仍多。據悉：陳長官仍決定實行所作之一切諾言，然對於暴徒之不法行為，決予制止。㊻

有了民間「暴亂」的再起，官方派軍隊鎮壓就顯得順理成章了，然而，對於這些軍隊登陸之前忽然再起的暴亂，民間卻另有解釋。根據蔣渭川的記述，卻有不同的訊息：

三月九日八時起床看報時，有警備司令部公布說昨八日夜間有土匪暴動，三、四千名由草山、北投、士林方面分頭來襲擊台北市台灣銀行，長官公署及軍倉庫等處，經國軍英勇作戰苦鬥歷數小時，已將該土匪暴動全部擊退，雙方頗有死傷。本部因要確保治安自本九日上午零時零分起，實施戒嚴令等。但是街上仍是往來如常僅各十字路口，有些士兵站立。有青年二人報告，昨夜在圓山方面有假戰鬥真殺人的事件。據說在圓山運動場及動物園附近，國軍放了很多的空槍，槍聲響到全市。有相當的時間後，由卡車運來不知何處殺死的死屍廿數個，有的將國軍的軍服穿過死屍，有的將以前日治時代的國民服換穿死屍，放在路邊當作戰死的樣子，然後由長官公署驅使數台汽車，坐十多名的高級軍官來巡視，即由在其現地的軍人報告土匪暴徒數千人來襲台北，在此戰鬥，乃由國軍英勇作戰把土匪暴徒擊退，即指死屍就是戰死者，指國軍服裝是戰死的國軍，穿國民服的死屍是土匪暴徒的戰死者，那來巡視戰線的高級軍官，大發震怒下命戒嚴。再有一位在圓山的姓何的老朋友也來報告，其所說與青年報告相同再加說該二十幾具的死屍，全部都是被殺死者的老百姓化裝的，青年又說這明明是柯遠芬的把戲，藉以為再戒嚴的口實……。57

至於楊亮功遭狙擊一節，楊亮功在報告中也認為「這件事始終是一疑問」。他在報告中對於此事曾附加說明：

據云在京滬的台籍人士在報上看見此消息後，曾謁見于院長〔按：監察院長于右任〕，特別說明：放槍打車者並非本省人，而是警備總司令部要擴大事件。58

三月八日下午，國府軍二十一軍的增援部隊抵達基隆；從福州運來的憲兵第四團的兩個大隊，亦乘海平輪登陸基隆港。同時，二十一師的另外三千名部隊也在高雄登陸。從此展開了一場「血的大肅清」。59

軍隊登陸基隆後的情形，根據一位基隆市民向台灣史學者楊逸舟，作了目擊證言，說：

登陸的士兵對著碼頭工人與苦力，未加任何警告就突然用機槍掃射，瞬時有數十名、數百名的工人應聲倒下，悲鳴與號聲四起。市民見狀，便亂奔亂竄，慢一步的人就成為槍口的獵物。惡魔突然降臨，橫掃市街，死傷者倒在路面，到處皆是……。⑥⓪

楊逸舟又記述著：

數百名被認為暴徒的人們，足踝被貫穿鐵線，三五人一組被拋進海中。有時，十數人一組，用鐵線貫穿手掌，有的已氣絕，有的半氣絕，統統綑成一團，拋入海中。不數日，無數的無名屍像海綿似的吸飽海水，浮上海面，漂到海邊來。

住在基隆的許曹德，當時年僅十歲。軍隊登陸當天，他躲在門逢邊，窺見殺戮的鏡頭，以下是他的片段回憶：

我不知道什麼時間軍隊登陸，但聽到風聲，家裏準備緊閉店門、防止意外的下午，便聽到南榮市區方向傳來可怖的槍聲、人羣奔逃嘶叫聲、軍隊對行人吆喝站立聲、不斷的雙方向射擊聲。從店門的縫隙看出去，看到軍隊舉槍對任何起疑的人物，無論大人小孩一律射殺的恐怖鏡頭。我軟躺的門邊，趕快爬進後面臥房，一聲不響的掩臥在被褥中，母親、大哥也躲到後面天井的醬菜倉庫。直到黃昏，我們仍然不停的聽到外面恐怖的槍聲、機關槍聲、抓人的命令聲、喊冤枉的呼救聲，子彈甚至都打到店門，樓房外牆柱子也感到軍隊槍托的碰撞聲。直到深夜，整個市區戒嚴，平常晚上必然聽到的盲人按摩的幽怨吹笛聲、行人聲、馬路卡車聲，一下戛然而止，化為死城。

第二天，恐怖加劇，街上任何人物移動、任何抗拒，當場射殺。我們聽到附近軍隊衝進巷子、民房，搜捕嫌疑人物。我們偷偷看到馬路上一批批青年在槍尖下押向市區，看到一輛輛軍用卡車載著面露恐懼的青年駛向市區。我們看到馬路邊從昨天躺臥到現在，今天又增多的一具具屍體。我看到比戰爭時期被轟炸、被飛機射殺的場面，更驚怖百倍的鏡頭：射殺一個人就像踩死一隻螞蟻一樣。我們整天都活在極度的恐懼中，不知這些野蠻軍隊，會不會衝進我們店裏搜捕。我看到媽媽從未如此害怕過，只看她不斷唸大悲咒、唸阿彌陀佛。我們最怕大哥發生意外，他們鎮壓軍隊懷疑的對象。此時，任何二十幾歲的台灣人，只要踏出門口，休想活著回來。61

部隊掃過基隆後，當天晚上進入台北市。林木順的《台灣二月革命》中，記述當時的情形說：

天未黑，馬路上行人就已絕跡，家家戶戶，都關門閉戶，消滅燈火，只有時斷時續的小孩子啼哭聲，陰雲籠罩著全台北市，一陣又一陣的陰風搖動榕樹。約在十時以後，圓山方面忽然傳來一陣緊急的機槍聲音，接著長官公署，警備總部，警務處，供應局倉庫，警察大隊，鐵路警察署，警察訓練所，台灣銀行，法院等處，都是大砲、機槍、步槍，響成一片，再接著各馬路上皆是機槍、步槍的聲音，全市浮遍了恐怖的噓噓子彈聲響，人聲則一點沒有，人們在黑暗中不敢睡眠，都知道是國軍來了。人人害怕，怕大禍臨門，好不容易度過了黑夜。62

隔天（三月九日）上午十時，警總參謀長柯遠芬，引導奉派來台調查的閩台監察使楊亮功，到圓山陸軍倉庫前面廣場，指著遍倒在廣場上的數百個屍體說：「這些是昨晚進攻倉庫，被國軍擊斃的奸匪暴徒。」然則，該處附近並無戰鬥跡象，死者都是十八、九歲的青年學生。原來那些青年學生，都是陳儀所承諾了的二二八事件處理委員會所決議，派來維持治安與交通的青年學生。

美國國務院所刊行的《對華白皮書》中，曾提到軍隊濫殺的情形，茲引一段如下：

> 三月九日起，發生廣泛而無差別的殺戮行為。在美國領事館員的宿舍前面，工人並未有任何挑釁行為，就被刺刀刺死。也看到軍人搶奪行路人的錢財。婦女從家中被拉走，老人跑出去抗議，即被兩個軍人砍倒。服務於教會醫院的一位加拿大籍護士，勇敢地奔梭於槍彈中，搶救受傷的人們。當她帶領負傷者往醫院的途

▲畫家黃榮燦為二二八大屠殺的場景留下見證。黃榮燦後來也於白色恐怖時代遭國民黨政府槍斃。

中，軍人從後面開槍把負傷者射死。年輕的台灣青年被綑縛起來，用鐵線貫穿手掌，拉過街道盡端。教會附近，一個小學女教師從後面被擊，被掠奪。有一美國婦人的家，受到附近陣地的機槍射擊，一個英國企業家要去救她，子彈貫穿了他的衣服，幸未打中身體。另一個外國人看到一個騎自行車的青年，被憲兵叫下來，用刺刀刺穿了手掌。有人要躲，有人要逃，可是人們被射擊。軍人看到任何喜愛的東西，即掠奪過來。三月十日，領事館附近萬華一帶，許多商店主人被射擊。

數日來二二八事件處理委員會的開會地點中山堂，自三月八日下午以後，頓然成為慘絕人寰的殺戮場。根據一位法官向楊逸舟的口述：「陳儀於八日下午，最先派了一個大隊包圍中山堂，其中的一中隊衝進中山堂內，把各樓各室正在處理各部門事務的學生、青年共兩百多名，亂殺一陣。有的被刺刀刺死，有的被推出窗外。當中有幾個女學生，被抓住長髮拋出窗外，發出悲鳴，青蛾似地從空中亂舞而下，罵著中國兵：『鬼畜生的支那兵！』『阿姆！救人啊！』，直到氣絕。從四樓掉落下來的人，頭破骨折，當場死亡。但從二、三樓被拋出來的人，只會半死。這時在外面待機的士兵，就用刺刀補死。屍體手上帶錶的被切斷手掌，指頭帶戒指的被切斷手指。愈來愈多的士兵在搜索屍體身上的口袋，鈔票被搜光。」[63]

自九日起至十三日之間，足足四晝夜，到處都是軍隊在開槍，或遠或近，或斷或續，市民因要買糧外出，動輒遭射殺，因此馬路上，小巷內，鐵路邊，到處是屍體，楊亮功的報告中，談到三月十日當天外出看到的情形：「我借用長官公署轎車。車旁站有憲兵以示警戒。所過街道，哨兵林立、行人斷絕。時見有死人，橫屍於途。」[64]

然而，如此進行殺戮與劫掠的軍隊，在蔣介石的觀念中卻是「秩序亦佳」。蔣在三月十日的「總理紀念週」的發言中說：

……據報所派部隊昨夜已在基隆安全登陸，秩序亦佳，深信不久當可恢復常態。同時並將派遣大員赴台協助陳長官處理此事件。本人並已嚴電留台軍政人員，靜候中央派員處理，不得採取報復行動，以期全台同胞親愛團結，互助合作。[65]

蔣介石心目中的「秩序亦佳」的軍隊，被令「不得採取報復行動」，實則軍隊在台的行動，正進行著一場比「報復」更為殘忍的無辜屠殺與劫掠。

不僅台北市如此，其他部份市鎮，也都隨著軍隊的來到而陷入恐怖的大肅殺之中，許多青年、學生、民眾，一卡車、兩卡車地被捕捉而去，一去不回。各地的殺戮慘狀，實在不忍卒睹，也不忍盡書。以高雄市來看，彭明敏的回憶錄這樣記述著：

在二二八事件中，以及國民黨軍隊抵達以後數週內，高雄的情況很慘。在這時期，高雄要塞司令彭孟緝得到了「高雄屠夫」的惡名。比如，當許多高雄市領導人士聚集於市政府禮堂討論這次危險時，門突然被關閉而受到機關槍掃射；家人被迫在火車站前廣場觀看父親或兒子被槍決；在槍決之前，還有許多慘絕苦刑加諸人犯。㊻

台灣旅滬六團體對於當時全島多處民眾遭屠殺的慘況，有如下的記述：

屠殺方法殘酷無倫，㈠如基隆車隊用鐵絲穿過人民足踝，每三人或五人為一組，捆縛一起，單人則裝入麻袋，拋入海中，基隆海面最近猶時有屍首。㈡高雄軍隊對集會中千餘民眾用機槍掃射，全部死亡。㈢台北別動隊使用機槍及坦坦彈殺害平民。㈣基隆軍隊割去青年學生二十人之耳鼻及生殖器，然後用刺刀戮死。㈤台北將所捕平民四、五十名由三層樓上推下，跌成肉餅，未死者再補以刺刀。㈥高雄將人釘在樹上，聽其活活餓死。㈦卡車上巡邏兵見三人以上民眾即開槍擊殺。㈧哨兵遇路過民眾，不問情由開槍擊殺。㈨各地大批逮捕平民、未經審訊即綁出槍決或半途而處決。㈩嘉義、台南一帶人民因聞主席白部長一律從寬免究之廣播後，向當局自首竟被捕槍決。㈪軍隊以清鄉為名，向民家搜查，將財物取去復殺人滅口。(67)

關於軍隊屠殺平民的情形，文獻記載歷歷在目，目擊者也言之鑿鑿，但是當時的二十一師師長劉雨卿並不認為軍隊有屠殺人民的情事。劉雨卿後來在他手著《恥廬雜記》中，回憶二十一師來台的情況，說：

凌岳兩旅〔按指凌諫銜、岳星明所率之兩個整編旅〕及師屬部隊自上海及連雲港分別上船，由海道運送，在航行中適當氣候良好，風平浪靜，於八日分別抵台，先後在基隆、高雄陸續登陸，藉地方開明人士之協助，先鞏固省會要地，一部向情況緊急之嘉義空中挺進，同時集結在南部及北部之部隊，循著鐵路縱貫線及其兩側地區，分別向南、向北掃蕩前進，於台中會師。另以獨立團向台東方面挺進。暴徒係臨時糾合之眾，既無一定組織與嚴格統御，自然缺乏戰鬥能力，有聞風自動解體者，有略事抵抗即經我擊潰者，經十餘日之清掃，最後將謝雪紅殘部驅散於埔里迄日月潭地區，各地方政權隨情勢之轉移，次第恢復，暴亂遂即終止。為了綏靖地方，旋召集各縣市首長及民意代表於台中舉行會議，區劃三個綏靖區開始善後工作，收繳散失武器及其他軍品，協助人民還鄉，公務人員各回本位，各級學校剋日一律復課。余為撫慰民眾，確切了解地方實情，並整飭軍隊紀律，於四月中旬率必要人員親赴各地巡視，召集地方基層行政人員與學生民眾分別舉行聯歡大會、座談會，告以中央政府對地方之關愛，曉以大義，希望共同維護地方安全。並深入鄉間懇切垂詢，向軍民一體目標上做工夫。經此宣慰後，一般翕然，人心大定，地方治安亦趨安謐。⑱

劉雨卿還特別強調：

本師到台後，官兵精神煥發，恪守紀律，軍民相處水乳交融，經常參與地方各種集會，增進相互間之了解。及至奉調離台時，彼此尚多依依惜別之感。足見川中健兒，明大義、守紀律，未敢後人，迄今尚多有談及昔年軍民合作往事，實快慰無已。⑲

當時駐台的軍憲，並非只有二十一師，因此，將屠殺的責任完全歸咎於二十一師，當然不盡公允。但是，如果說二十一師完全「明大義、守紀律」，則也未免太過溢美。試問，花蓮名醫、制憲國代張七郎及其兩個兒子，於四月四日晚上無緣無故遭軍隊捉走，槍斃於鳳林鎮郊外，是哪一師的軍隊所為，那不正是二十一師所屬獨立團第二營第五連的士兵所為嗎？(70)

事實上，自三月八日援軍抵台以後，軍憲的角色，「屠殺」大於「鎮壓」。因為真正擁兵反抗的地方很有限，需要軍隊真正「鎮壓」的地區，僅限於嘉義附近、中部一帶而已。其他許多市鎮，儘管出現有民眾挾持警所武器的情事，但有些地區是以維持地方治安為目的，有些地方，則雖確屬抗官民變，但早在軍隊來臨之前，因地方的事件處理委員會的斡旋調解，早已趨於平靜，因此，來台軍隊所遭遇的抗鬥，規模並不大。無怪乎，二十一師在向台中挺進的途中，僅在苗栗遭遇小規模狙擊，因此，一位駱團長有感而發說：「此次戰鬥是多年戰場經驗中最輕易的戰鬥，可說連警戒戰都說不上。」(71)

至於嘉義一帶的民兵，圍困水上機場的局面，自九日以後，台北的飛機裝運糧食彈藥及部隊增援機場內的軍隊而漸漸改觀。加上一位嘉義的名人、半山分子劉傳能，從台北趕回，遊說嘉義的「二二八事件處理委員會」和嘉義士紳們，希望即刻撤退水上機場外的包圍，恢復水電，殺豬宰羊，供應糧食給受困於機場要塞內的國府軍，以作「和談」條件，於是，守在機場外的戰壕內的民兵，終於撤守。（這個局面，也是埋下了陳澄波、潘木枝、盧鈵欽等「和平使」被捕遭槍斃的伏筆。）[72]

台中方面的謝雪紅，於十三日以後，隨著二七部隊退入埔里。二七部隊並於烏牛湳一帶與國府軍發生激戰，最後潰散。[73]

九、翦除社會菁英

三月十三日，南京國府主席蔣介石拍了一通電報給陳儀，內容說：「請兄負責嚴禁軍政人員施行報復，否則以抗令論罪。」陳儀也拍電呈復：「已遵命嚴飭遵照」。然而，這些往來電文，所能發揮的作用，只是紙上功夫而已。實際的情形，不待蔣介石下令，軍政人員早就施行報復了。三月十四日，南京出版的《建設日報》，在頭版頭題出現這樣驚心動魄的新聞標題：

借用援軍武力報復／陳儀君臨台灣／施行恐怖政策大肆屠殺無辜／繼續掠奪財物搜捕社會賢達／赴台宣慰人員被禁失去自由

在新聞內容中，刊出「台灣政治建設協會」、「閩台建設協進會」等七個團體的公開信，信中指責陳儀說：

……迺自三月八日、國軍開到以後，推翻諾言順行採取報復性之恐怖政策、對徒手民眾任意開槍殺傷或掠取財物、社會賢達地方耆紳、如陳炘、王添丁〔灯〕等二百餘人均被捕拘禁、其他或被監視告失蹤，台北大學之教授學生被格殺二十餘人之多、台北市內軍憲密布，商店罷市、路無行人、全城陷入恐怖狀態、居民惴惴自危、而真正行凶暴徒、反脫逃無蹤，最近復出動空軍調撥軍隊、欲對台中嘉義台東花蓮港等處民眾採用武力鎮壓政策，長此以往，兵連禍結不可收拾與中央派大員宣慰，及以和平方式處理之方針顯相違悖，陳長官受國家負託，握軍政財經法刑全權治台，年餘暴政百出、民怨沸騰，致引起空前丕變，今竟惱羞成怒，倚藉兵力、發揮獸性、實行報復性之恐怖行為……。

陳儀當局自三月九日以後，即開始有計劃地逮捕台灣的知識菁英。許多著名的教授、律師、醫師、作家、民意代表、教員……等地方領袖、社會名流，紛紛被捕，或下落不明，或公然處決。他們之中，絕大部分的人都未曾參與任何暴動，但卻慘遭不測。

例如：美國哥倫比亞大學留學歸來的台灣第一位哲學博士、台大教授林茂生，於三月十日清晨被謊稱台大校長有事找他的情治人員帶走，一去不回。據聞，其屍體被裝在痲布袋內，棄入淡水河裏。㉔

同樣也是從哥倫比亞留學回來的台灣本土金融先驅，大公企業的創辦人陳炘，於三月十一清晨六時許，在病榻中被刑警叫走，也一去不回。㉕

省參議員、二二八事件處理委員會的宣傳組長王添灯被憲兵抓走，最後遭憲兵第四團團長張慕陶命衛兵在其身上淋汽油，點火燒死。

其他，像省教育處副處長、《人民導報》社長宋斐如、高等法院推事吳鴻麒、台北市律師公會會長李瑞漢，及其律師弟弟李瑞峯、醫學博士施江南、《台灣新生報》

▲朱鳴岡作品〈迫害〉，發表於二二八事件的翌年（1948），反映出台灣社會菁英的遭遇。

▲美國哥倫比亞大學畢業的台灣第一位哲學博士林茂生教授，莫名其妙被捕失蹤，到現在連屍體都找不到。

▲台灣行政長官公署廿一名高層官員中惟一的台籍人士，擔任教育處副處長的宋斐如，仍難逃二二八大整肅，終被捕殺。

◀從美國哥倫比亞大學回來的台灣金融先驅陳炘，曾於終戰之初籌組「歡迎國民政府籌備委員會」，最後仍難逃二二八劫難，死於他所歡迎的「祖國」的槍下。

總經理阮朝日、《台灣新生報》日文版編輯吳金鍊、台北市參議員黃朝生、徐春卿、李仁貴、陳屋，以及前新竹地檢處檢察官王育霖、省參議員兼制憲國大代表林連宗、著名的抗日運動社運家廖進平、淡水中學校長陳能通……，也在三月十日左右展開的大整中被捕遇害，連屍體都下落不明。

基隆市參議會副議長楊元丁被槍殺後，屍體棄入基隆海邊。

省立宜蘭醫院院長郭章垣，與其他七名地方人士被士兵逮捕後不到十二小時，就被槍殺於頭圍鄉，中彈後被推入土坑掩埋。

著名的畫家、嘉義市參議員陳澄波，三民主義青年團嘉義分團主任陳復志，以及幾名嘉義市參議員潘木枝、盧鈵欽、柯麟等人，因擔任「和平使」赴水上機場交涉，卻遭逮捕，最後被綁赴嘉義火車站前槍斃示眾。

岡山教會牧師蕭朝金，於事件中勸年輕人勿輕舉妄動，都一樣遭士兵逮捕，槍殺於岡山通往大岡山的平交道旁，死前受盡酷刑，鼻子、耳朵都被割掉。

花蓮的縣參議會議長、制憲國大代表張七郎醫師，以及兩個兒子張宗仁（醫師）、張果仁（醫師），於四月四日同一晚無故被捕，當夜父子三人被押解到鳳林鎮郊外的公墓槍斃。身上身穿衣物被剝洗一空。[76]

諸如上述這類菁英分子遇難的個案，實在多不勝舉，而且他們之中，幾乎都沒有經過公開的審判。

遇難冤死者，多不勝數，至於被捕坐獄者，則更不知凡幾。在這裏，我們就略而不例舉了。

但不得不提的是，許多在動亂中，勸人勿妄動，保護大陸人，出面調解的地方領袖，反而在大整肅中被捕遭陷。

這種濫捕濫殺的行徑，楊亮功在他的〈「二二八」事變奉命查辦之經過〉中，有如下的報告：

四月十一日我們將離台返京復命。在這天上午，我去向陳公洽辭行，同時談及處置此次事變的情形，問陳在此次事變中警備總部到底逮捕了多少人，處決了多少人？我回到南京時可能有人問及此事。他說：我正要向你說明，外邊報紙上說我處決了一萬人，都是亂說。殺人是有屍體的。這一萬多人的屍體在那裏？但他並未告訴我到底處決了多少人，只說要他的參謀長柯遠芬來見我向我報告。稍後柯遠芬來見我，我再問他到底拘捕和處決了多少人，他即交給我一張名單：「蔣渭川、謝雪紅、張晴川、黃朝生、王添燈〔灯〕、白成枝、呂伯雄、李仁貴、郭〔鄧〕進益、廖進平、陳屋、郭國基、潘渠源、林日高、林棟材、王萬德〔得〕、潘欽信、蘇新、徐春卿、王名貴、陳旺成、林連宗、駱水源、陳篡地、陳瑞安、張忠誠、張武曲、顏欽賢、廖文毅、廖文奎等」，我一看這名單就是報紙上公布的被通輯的三十幾人的名單，當時我很生氣，我問柯除了名單上的三十幾人外，還有多少人被補或被處決。

▲這是1928年留學日本京都的部分台灣學生的合影，照片中已知有三人於二二八事件中被殺害，他們是：陳能通（前排左四），當時就讀京都帝國大學理科，事件發生時擔任淡水中學校長；林旭屏（前排左三），就讀京都第三高校，事件時擔任專賣局煙草課長；施江南（二排左四），就讀京都大學，後獲醫學博士。

他並未答覆我。我說：「你提這張名單，等於未向我報告，這名單是沒有用的。」他也沒再說什麼，即辭去。實際上他本人就是違法殺人作惡，所以他不能詳作報告。有林家花園主人林某〔按即林宗賢〕，柯說他曾參加暴動，命其寫悔過書即可無事。等待林某悔過書寫成，柯即據其悔過書加以勒索鉅款。時我已回到南京，接獲台北辦事處主任鮑良傳報告，當即電陳公洽查詢，陳覆電已命將此案移交新成立省政府處理。柯氏之敲詐，遂未得逞。此不過是柯氏作惡之一例。⑺

像柯遠芬這樣利用職權勒索敲詐的情事，多不勝舉。有些被捕者為了逃生，賄賂軍方就成了避免受害的方法。破財消災，最後能撿回一條命，已屬萬幸；但有些人雖然散盡家財，最後卻仍賠掉生命。軍特統治的恐怖與黑暗，於此可見。

儘管楊亮功在他的調查報告書中，對陳儀、柯遠芬濫捕濫殺社會領導菁英的有所指責，也儘管蔣介石曾明令「嚴禁軍政人員施行報復否則以抗命論罪」，但事後陳儀、柯遠芬乃至其他參與濫捕濫殺的關係人並無一人受到懲處。因此，關於社會菁英的遇害，令吾人不得不有進一步的解釋。

這些不勝枚舉的台灣各地的社會菁英，幾乎在三月九日以後的一個月中被捕遇害。他們絕大部分都未涉及暴動，但卻無故遇害，部隊既是前來「平亂」的，為何卻連沒有「亂」的人也要「平」？顯然這些人不是被誤殺的，因為不可能在幾乎相同的時間裏有那麼多社會菁英人士會如此「巧合」被誤殺，足見那是一場有計劃的謀殺。問題是，誰有那麼大的權力和膽量敢決定這種大規模的政治謀殺與整肅？是行政長官陳儀嗎？是警總參謀長柯遠芬嗎？還是憲兵第四團團長張慕陶？抑或是軍統局台灣站站長林頂立？以他們的職權，誰能承擔這個有計劃的大規模政治謀殺與整肅行動的後果？一九九二年柯遠芬在美國接受學者賴澤涵的訪問時表示，當時一切措施係依照蔣介石的指示。他說：「當時的局勢雖然有點亂，但只要依照先總統蔣公的指示辦理，執行起來就沒有什麼困難。」柯遠芬是在推諉責任呢？抑或他真在吐露真情？蔣介石既然有令在先，「嚴禁軍政人員施行報復否則以抗令論罪」，則事後應該有追究責任、糾舉過失的

▲拿彩筆的畫家陳澄波，被拿槍桿的軍人奪走生命，這是陳澄波被槍決後運回家中的遺體，但見子彈貫穿胸膛，鮮血噴灑全身，雙眼猶不瞑目。一代畫家的身後，為台灣留下淒冽的畫面。

處置。然而，實際上，事後並沒有聽說有那位主事者因此而以抗命罪被論處，沒有人因濫捕、濫殺、施行報復而遭追訴。陳儀雖於事後被調離台灣，改任國民政府顧問，但隔年六月，又被蔣介石拔升擔任浙江省主席。[78]（他後來雖被處決，但罪名係以通匪名義，與二二八事件無關）；在「清鄉」期間捉拿不少「人犯」的警總參謀長柯遠芬也沒有受到任何嚴重處分，反而後來還被蔣介石任命為金門防衛部司令；半山出身的軍統局台灣站站長林頂立，於事件後受層峯讚賞，旋出任全民日報社社長，並於一九五一年、一九五四年擔任台灣省議會副議長。（雖然他後來被鬥倒，是另一波的派系政爭，與二二八事件無關）[79]；而在高雄大屠殺的要塞司令彭孟緝，於事件後，不但沒有任何政治責任，反而被記大功二次，傳令嘉獎，並於事件二個月後被擢升為台灣警備司令，且於次年元旦敘勳，奉頒四等雲麾勳

▲二二八事件時擔任警總參謀長的柯遠芬，於「清鄉」中扮演重要角色。他說：「寧可枉殺九十九個，只要殺死一個真正的就可以」。

章。這些濫殺無辜、實施報復的執行者，沒有一個被嚴懲，反而被蔣介石升官重用，則所謂「嚴禁報復，違者以抗令論罪」之說，不啻成了障眼的煙幕了。

十、「清鄉」

經過數天的軍事行動，台灣全島到了三月十三日，已完全納入當局的控制之中，自三月九日以來的大逮捕、大整肅，雖然隨著三月十七日國防部長白崇禧的抵台「宣撫」而稍緩和，但是旋踵而來的「清鄉」以及持續的「綏靖」工作，又為台灣社會帶來了人人自危的恐怖氣氛。

三月十四日，台灣省警備總司令報稱：「查本部現正開始肅奸工作，凡我民眾，對於奸偽分子應隨時注意檢舉密報附近軍憲警，予以拘捕，絕對禁止任何人窩藏奸偽分子，如敢故違，定予同罪，除電令各部隊遵辦外，特再公告周知。」

於是所謂「肅奸」工作，旋即開始。「肅奸」工作如何進行？二十一師的少將參謀長江崇林，有如下的具體回憶：

為策指揮中心安全，肅清匪黨殘留潛伏分子，掃蕩暴亂隱匿人物，俾市區平

> 謐安靜，施行全市〔按指台中市〕總清查。先綜合黨政、情治、軍警各單位資料，再依調查所得，列出嫌疑分子名單及其住地或活動場所。同時召集台中市各區、里長及一部份鄰長和市府官員集會，說明總清查目的、動向；要求提供意見共予協助。然後宣布全城戒嚴，斷絕交通。從黃昏開始，本師派出部隊配合憲兵、警察，分區帶同地方人員，循序徹底清查。迄次晨拂曉後結果，綜合各區清查，逮捕了嫌疑犯三百餘人，其中有六人於我軍逐一清查時，持械對抗，有的開槍射擊，有的舉刀刺殺，經現場圍捕拘禁，送交軍法審判，呈報核定，明正典刑。行刑時，由軍警共同押遊街市後，綁赴刑場槍決。[80]

有沒有真的進行「軍法審判、呈報核定」的程序，不得而知；不過「押遊街市後，綁赴刑場槍決」的殺雞儆猴的作為，確實使當時的社會充滿肅殺之氣。

三月二十日，台灣省行政長官兼警備總司令陳儀，發佈「為實施清鄉告民眾書」。這份文告還特別發出中日文兩種版本，以便讓更多的人能看懂。中文版的文告，這樣寫著：

> 這次由亂黨叛徒所造成的暴動，使社會秩序一時陷於混亂，善良人民都蒙受

▲國防部長白崇禧（中）受命來台「宣撫」，這是他抵松山機場時，陳 儀（右）前來迎接的情形。

▲國防部長白崇禧來台後，召集軍政人員及地方人士開會的情形。其左為陳儀，右戴眼鏡者為林獻堂。

有形無形的損失，回想起來，實在痛心。現幸國軍抵達以後，亂黨叛徒聞風匿散，社會秩序已經恢復。但政府為了保護善良人民維持全省治安，徹底肅清惡人起見，決定實施清鄉，使少數的亂黨叛徒，無法匿避，再在暗中繼續作擾亂治安、危害國家的陰謀。我們必須把這少數的亂黨叛徒肅清以後，善良的人民才能重過真正和平幸福的生活。

清鄉的目的是在確保治安。清鄉的主要對象，是「武器」和「惡人」。凡是武器和惡人，都應該交給政府，由政府作合理合法的處理。

第一，交出武器：在這次暴動之中，亂黨叛徒搶劫軍械，致槍枝散失民間不少。大家要知道，武器乃是國家的力量，人民是絕對不能私藏的，如果私藏武器，就是犯法的行為。所以因這次暴動而散失在民間的武器，不論是短槍枝、彈藥，機砲及倭刀等等，都應該自動的交給政府。過去日本佔據時代，民眾交槍，獻槍是有危機的，要受處罰的。現在是我們自己的政府，只要人民自動的交槍，絕對沒有任何危險。政府對於自動交出武器的人，非但不予處罰，而且還要獎賞。希望善良的同胞，如果知道或發現暴徒劫奪隱藏的武器彈藥，或者原來私人所有的，千萬不要埋藏。不要送人，不要毀棄，應該交給政府。最好直接交給駐軍憲警機關，或者交給鄉鎮區公所，或者交給縣市政府。交出武器的，是善良的人民，政府自然獎賞保護。倘若私藏武器，匿而不交的，自然是亂黨叛徒，一經政府搜查出，即將嚴厲的制裁。第二，交出惡人：在這次暴動平息以後，少數的亂黨叛徒畏罪隱匿各地，實是本省未來的禍口，大家要知道，兇暴不除，善良的人無法安居樂業，我們要求得到和平幸福的生活，必須先把這少數的亂黨叛徒徹底肅清。所以如果你們的鄉村鄰里裡，匿藏著亂黨叛徒，你們應該立刻檢舉，密報當地鄉鎮區公所。縣市政府，或駐軍憲警機關，由政府來查問他們的罪行，按其情節重輕，或予懲罰或施感化。這樣，惡人無所隱匿，治安自然良好。如果有人竟敢窩藏亂黨叛徒，匿而不報，經政府查出，即與亂黨叛徒同罪。以上兩點，是清鄉時期中最重要的工作，希望全省善良的同胞發揮愛鄉愛國的精神，鼓起勇氣，協助政府，交出藏匿武器，肅清亂黨叛徒，重度幸福生活。

在清鄉期間，許多民眾為了怕家中保留的一些日軍遺留物會引禍上身，因此一些與軍器無直接關係的物品，也都繳交出來。軍方則照樣全收。二十一師參謀長江崇林曾回憶說：「清整收繳的軍品中，軍用附件為數頗多；如服裝——包括陸軍、空軍制式軍服、工作服、皮鞋、手套、佩刀，短劍、武士刀、獵槍、望遠鏡、測量儀……好些顯屬日軍遺贈，但均全部交出。」[81]

至於「交出惡人」部分，由於「惡人」的標準，純屬當局的主觀認定，因此人人自危，什麼時候自己會成為「惡人」，誰也不敢保證。

建設日報

台變方興未艾

借用援軍武力報復
陳儀君臨台灣
施行恐怖政策大肆屠殺無辜
繼續掠奪財物搜捕社會賢達
赴台宣慰人員被禁失去自由

台北成死市
路不見行人

台民擁護政府
誓死反對陳儀

一封熱愛祖國血淚斑斑的書

白崇禧遲遲行
還有內幕新聞

請剿辦陳儀

中常會重要決議

▲1947年3月14日南京出版的《建設日報》，對陳儀多所指責。

在清鄉時期，警總參謀長柯遠芬講過這樣的話：「有些地方上的暴民和土匪成羣結黨，此等暴徒淆亂地方，一定要懲處，寧可枉殺九十九個，只要殺死一個真的就可以。」柯遠芬並引述列寧的話說：「對敵人寬大，就是對同志殘酷。」㉜因此，「寧可枉殺九十九個」的心態下，台灣的社會充滿著恐布的氣氛。隨時聽到有人被捕，經常聽到有人被槍決。許多人過著躲躲藏藏的逃亡生活，至於妻離子散、家破人亡的酸楚，當然就不是那些「寧可枉殺九十九個」的外來統治階級所能了解。「清鄉」的時間很長，幾乎可以延續到一九四九年以後國民黨政府撤退來台，與「白色恐怖」時代相銜接。直到「白色恐怖」時代，在二二八事件中被「從寬處理」的人，有些人又再度被算舊帳，或坐獄，或遭處決（如阿里山的高一生、湯守仁、省府委員林日高等人）。

十一、死傷人數之謎

此次事件，究竟死傷多少人，至今仍難有確切的數字。誠如楊亮功所說的「在此次事變中，外省人被打死之人數，既無從查考，而地方各機關處決人犯，既不按照法定程序，且步驟甚亂，亦無從查考。」⑧³至於大軍掃過市街，遭亂槍擊斃者，更不知如何計數。

不過，事件甫定之初，各地方縣市政府曾有公務員死傷人數的統計，分別如下：

台北市：「公務員死亡者三三人，受傷者八六六人，失蹤者七人」。
台北縣：「公務員受傷五人」。
基隆市：「死傷軍警及公務員一五三人」。
新竹市：「公務員死一四人」。
台中市：「公務員死五六人」。
台中縣：「外省公務員被毆傷者二六人」。
彰化市：「公務員傷七人」。
嘉義市：「公務員死傷六九人」。
台南市：「公務員死傷四八人」。
台南縣：「公務員被傷八人」。
高雄市：「公務員死傷三九人」。
高雄縣：「死傷公務人員十一人」。

屏東市：「死傷公務員及人民共三三人」。

花蓮縣：「公務人員被毆傷者四人」。

台東縣：「公務員傷者十九人」。⑧④

以上數字，是官方的統計，因其死傷者概為外省公務員為主，因此這個統計，可靠性極高。

此外，再據楊亮功〈「二二八」事變奉命查辦之經過〉的記載：

台灣主管治安機關統計事變中傷亡人數如下：

㈠外省人死五七人，傷一三六四人，失蹤一〇人。

㈡本省人暴徒被擊斃者四三人，俘獲八五人，自新者三〇二三人。

㈢軍人死亡者官一六人，兵七四人，受傷者官一三五人，兵二六二人。

以上三項統計，死亡者一九〇人，受傷者一七六一人。

其中，如果再扣除本省人暴徒被擊斃者四三人，則「外省人」死亡共計一四七人。

至於台籍民眾死傷人數，官方並沒有具體、可靠，且令人信服的數字。不過，據楊亮功的記述，他在三月十日探視各醫院的傷患時發現「內地人多為棒傷，本省人多為槍傷」，⑧⑤受到棍棒攻擊，與受到槍擊，何者傷亡嚴重，不言可知，其受害程度必定懸殊。尤其，自三月八日下午軍隊登陸後採取的濫殺、濫捕，所造成的傷亡必定更大。因此，台灣本地人較諸大陸人的傷亡，必然多出很多。

根據〈台灣旅滬六團體關於台灣事件報告書〉（四月十二日提出）的估計：

> 自八日至十六日，台胞被屠殺之人數初步估計以高雄為最多，約三千人，基隆台北次之，各約二千餘人，嘉義一千餘人，淡水一千人，新竹、桃園、台中、台南、苗栗其他各地各一、二百人不等，總數在一萬以上，連重輕傷者計之，至少在三萬以上。(86)

以上的數字，當然還不包括「清鄉」之後的死亡人數。

又據《紐約時報》記者霍伯曼三月廿二日南京專電稱：「據估計三月十四日止，有二千二百名台灣人在街上被槍殺或處決。」該報特派員竇丁南京電訊則說：「從台灣回到中國的外國人們估計，被殺的台灣人達一萬人。」

日本《朝日新聞》調查研究室的報告說：「台人的死者或行蹤不明者的正確數字雖然不詳，但『據說有一萬人至數萬人之多』。」

總之，此次事件死傷人數，眾說紛紜，莫衷一是。當時政治之不上軌道，也由此可見。

【註釋】

①社論〈中堅階層的重要性〉，載《民報》，1947.2.27，台北。

②監察院檔案(八(2)21)，轉引自《自立早報》，1991.2.27，台北。

③陳三井等訪問記錄，《白崇禧先生訪問記錄》(一九八四，台北，中央研究院近代史研究所)，頁五五七。

④《台灣新生報》，1947.3.4。

⑤楊亮功、何漢文，〈調查「二二八」事件報告〉，載於蔣永敬等編，《楊亮功先生年譜》(一九八八，台北，聯經出版公司)，頁三八五。

⑥參《新竹縣志稿》，及楊亮功、何漢文，〈調查「二二八」事件報告〉，《楊亮功先生年譜》，頁三八六。

⑦詳見鍾逸人，《辛酸六十年》上冊(一九九三，台北，前衛出版社)，頁四四七—四五八；古瑞雲，《台中的風雷》(一九九〇，台北，人間出版社)，頁五一—五三。

⑧楊亮功、何漢文，〈調查「二二八」事件報告〉，《楊亮功先生年譜》，頁三八七。

⑨楊亮功、何漢文，〈調查「二二八」事件報告〉，《楊亮功先生年譜》，頁三八七—三八八

八；〈「二二八」事變奉命查辦之經過〉；鍾逸人，《辛酸六十年》；《嘉義縣志》。

⑩《台南縣志》；《雲林縣志》。

⑪《台南市志》。

⑫柯旗化口述，及楊亮功、何漢文，〈調查「二二八」事件報告〉，《楊亮功先生年譜》，頁三八八。

⑬楊亮功、何漢文，〈調查「二二八」事件報告〉，《楊亮功先生年譜》，頁三九一。

⑭楊亮功、何漢文，〈調查「二二八」事件報告〉，《楊亮功先生年譜》，頁三八九。

⑮楊亮功、何漢文，〈調查「二二八」事件報告〉，《楊亮功先生年譜》，頁三八九。

⑯梁阿標口述，李筱峯採訪。

⑰參《台東縣志》及楊亮功、何漢文，〈調查「二二八」事件報告〉，《楊亮功先生年譜》，頁三九一。

⑱吳新榮認為：參與事變的主流有四流派——「一是好事的流氓地痞，二是傾向日本的舊軍人軍屬，三是反對貪官污吏的進步份子，四是有意識的共產份子」〔詳見吳新榮著，《震瀛回憶錄》（一九九七．著者印行），頁一九二。〕

⑲〈台灣，人為的颱風〉，載《新聞天地》二三期，一九四七年五月一日，上海。

⑳見《台灣新生報》二·二八號外。

㉑詳參1947.3.2各報。

㉒見《台灣新生報》，1947.3.3等。

㉓詳見蔣渭川，《二·二八事變始末記》（一九九一，蔣梨雲等編印），頁三七。

㉔《台灣新生報》，1947.3.5。

㉕《中外日報》、《台灣新生報》等，1947.3.5。

㉖《中外日報》，1947.3.6。

㉗《台灣新生報》，1947.3.7。

㉘《台灣新生報》，1947.3.7。

㉙《中外日報》、《台灣新生報》，1947.3.6。

㉚詳見蔣渭川，《二·二八事變始末記》，頁七二—七三。

㉛詳見蔣渭川，《二·二八事變始末記》，頁九三。

㉜柯遠芬，〈事變十日記〉，《台灣新生報》，1947.5.13，二版。

㉝大溪檔案（國民政府檔案）。

㉞《台灣新生報》，1947.3.8，頭版頭題新聞。

㉟《中外日報》，1947.3.8，台北。
㊱楊金虎，《楊金虎回憶錄》，（一九六七，著者印行），頁六一～六四。
㊲社論〈對於二二八事件處委會的幾點希望〉，《中外日報》，1947.3.8.。
㊳莊嘉農，《憤怒的台灣》（一九四九，智源書局，香港），頁一二〇。
㊴楊亮功，〈「二二八」事變奉命查辦之經過〉，《楊亮功先生年譜》，頁三五三。
㊵《中外日報》，1947.3.8。
㊶詳見劉雨卿，《恥廬雜記》（一九八二，劉雨卿將軍遺著編印紀念委員會印行，台北），頁一〇九—一一一。
㊷見柯遠芬，〈事變十日記〉。
㊸《台灣新生報》，1947.3.9。
㊹林啓旭，《台灣二二八事件綜合研究》（高雄，新台政論雜誌社印行），頁四八、五一。
㊺《台灣新生報》，1947.3.9。
㊻《中央日報》，1947.3.11，二版，南京。
㊼賴澤涵等，《行政院二二八事件研究報告》（一九九四，台北，時報文化出版公司），頁二〇二。

㊽柯遠芬，〈事變十日記〉，載《台灣新生報》，1947.5.13，二版。
㊾舒桃係於一九九五年三月二日，向立法院民進黨黨團及新黨黨團陳情，詳見《自由時報》1995.3.3，二版，台北。
㊿詳見司馬桑敦，《張學良評傳》（未著出版項），頁二四四。
(51)引自《行政院二二八事件研究報告》，頁二〇三。
(52)《民報》，1947.3.6，台北。
(53)《文匯報》，1947.3.4，上海。
(54)見大溪檔。
(55)見《中央日報》，1947.3.11，二版，南京。
(56)見《中央日報》，1947.3.10.第二版，南京。
(57)蔣渭川，《二·二八事變始末記》，頁一一九。
(58)楊亮功〈「二二八」事變奉命查辦之經過〉，《楊亮功先生年譜》，頁三五九。
(59)《朝日新聞》調查報告用語。
(60)楊逸舟，《台灣と蔣介石》（一九七〇，東京三一書房），頁一三〇。
(61)許曹德，《許曹德回憶錄》（一九九〇，台北，前衛出版社），頁一一七。

(62)林木順，《台灣二月革命》（一九九〇，台北，前衛出版社），頁四〇—四一。

(63)楊逸舟著、張良澤譯，《二、二八民變》（一九九一，台北，前衛出版社），頁一〇九—一一〇。

(64)楊亮功〈「二二八」事變奉命查辦之經過〉，《楊亮功先生年譜》，頁三六二。

(65)《中央日報》，1947.3.11，二版，南京。

(66)彭明敏，《自由的滋味》（一九八八，台北，前衛出版社），頁八二—八三。

(67)《前鋒》雜誌十六期，1947.4.20，台北。

(68)劉雨卿，《恥廬雜記》（一九八二，台北，劉雨卿將軍遺著編印紀念委員會），頁一一〇—一一一。

(69)同前註。

(70)詳見李筱峰，《二二八消失的台灣菁英》（一九九〇，台北，自立晚報出版部），張七郎部份。

(71)見江崇林〈台灣二二八事件親歷記〉，載《中外雜誌》，1987.10.22。

(72)詳參鍾逸人，《辛酸六十年》上冊（一九九三，台北，前衛出版社），頁五三七—五三八。

⑬詳見黃金島口述，王世勛筆記，〈站在第一線：二二八事件中最激烈一戰「烏牛湳之役」始末〉。

⑭詳參李筱峰，《林茂生．陳炘和他們的時代》（一九九六，台北，玉山社出版公司），第九章〈在二二八事件中遇害〉。

⑮詳見李筱峰，《林茂生．陳炘和他們的時代》。

⑯以上遇害人士情況詳參李筱峰，《二二八消失的台灣菁英》。

⑰見楊亮功，〈「二二八」事變奉命查辦之經過〉，《楊亮功年譜》，頁三七三。

⑱廖蓋隆等主編，《現代中國政界要人傳略大全》（一九九三年七月，北京，中國廣播電視出版社），頁五一〇。

⑲詳參謝德錫，〈墜落「半山」的政壇流星——林頂立〉，載張炎憲等編《台灣近代名人誌》第三冊（一九八七年十二月，台北，自立晚報社文化出版部）。

⑳江崇林，〈台灣二二八事件親歷記〉。

㉑江崇林，〈台灣二二八事件親歷記〉。

㉒陳三井等，《白崇禧先生訪問錄》（一九八九，台北，中央研究院近史所），頁五六八。

㉓楊亮功，〈「二二八」事變奉命查辦之經過〉，《楊亮功年譜》，頁三七四。

⑧④根據楊亮功，〈「二二八」事變奉命查辦之經過〉。

⑧⑤見楊亮功，〈「二二八」事變奉命查辦之經過〉，《楊亮功年譜》，頁三六二。

⑧⑥見《前鋒》雜誌十六期，1947.4.21，台北。

結語

一九四五年的台灣「光復」，是台灣海峽兩岸的一次「統一」。一九四七年的二二八事件，是這次「統一」的後遺症。

引起這個後遺症的主要癥結，在於台灣社會與中國社會的差距太大、體質不同，彼此適應不良。這種適應不良，可以說是文化水平較落後的一方，統治文化水平較高的一方，所產生的壓制與抗拒的循環過程。①

所以，從文化的意義看，二二八事件是一場文化衝突。但是，若從統治的觀點看，則是一場「官逼民反」、「民反官壓」的輪迴。

這個事件雖然落幕了，可是卻是以悲劇收場。而這場悲劇，卻為台灣的住民烙下了一個深刻的胎記。台灣人的性格中，顯現出比過去更加卑屈的奴性；而在另一方面，卻又產生對政治的恐懼感。

關於前者，我們可以從以下的電文窺其一二。三月二十三日，省參議會議長黃朝琴、國民參政員林獻堂、國大代表黃國書等十七人，聯名致電國民政府主席蔣介石，原電如次：

南京國民政府主席蔣鈞鑒：此次台北緝私事件，原可早日解決，詎料少數奸黨，乘機煽惑，致暴徒越軌，範圍擴大，全省善良同胞，莫不引為遺憾。同人等身為人民代表，領導無方，抱愧尤深。幸蒙鈞座垂念台灣初復，民心未定，簡派白部長蒞台宣慰，昭示處理此次事件之基本原則，仰見德威昭著，全省同胞同深感激，除已將詳情面呈白部長外，特代表六百五十萬台胞，謹電致謝。②

同日，前述十七位民意代表也上電行政長官陳儀，電文謂：

此次不幸事件，除極少數不良分子陰謀叛亂，別有用心，大多數台胞，均表遺憾；尤以參議員、參政員、國大代表等，身為人民代表，未能妥為領導，善加處理，更覺無以對國家民族暨鈞座平時愛護本省之至意，惟祈伏念本省淪陷五十一年之慘痛，與人民脫離祖國懷抱日久，一切生活習慣均異，思想認識尤差，予以從寬處理。至於「二二八」事件處理委員會，原為協助政府維持治安，救恤死傷而設，且由鈞座指派處長五名參加，嗣因奸徒脅迫，提出越軌要求，多數委員們心雖有餘而力不足，無法制止，情屬可原。人民對該會之捐款，實為協助治安經費及採購糧食之用，用意至善，別無他圖，尤懇鈞長飭屬加以保護。同時此次被奸徒煽惑參加暴動者，多屬失業青年，以其平時生活毫無寄託，精神又感苦悶，物價日高，謀生益難，受人利用，盲目蠢動，依國法不可赦，論情實屬可憫，今後如不迅謀徹底救濟，影響未來更非淺鮮。同人等有見及上，用敢不揣冒昧，分呈如上，敬請伏賜採擇施行，俾能早日恢復常態，藉以安定民生，互助互諒，團結精誠，共同完成建設三民主義新台灣之使命。③

台灣人卑微乞憐的性格，在電文中表露無遺。

至於另一方面的政治恐懼感，則普遍感染於一般民間。誠如事件翌年（一九四八年）六月十六日《新聞天地》的一篇文章〈台灣風平浪靜嗎？〉中所說：

未來二二八事件，在一般人士眼光中都要認為過去的陳跡，但在台灣同胞的心眼中，不但未曾磨滅，而且印象尚新，每個台胞，都異口同聲的說，二二八事件不僅是台灣同胞的恥辱，同時也是中華民族的恥辱。許多台灣父老，曾因談起此事，而痛哭流淚。直到現在，無論男女老幼，一談起此事件，無不談虎色變。台灣父老們，又感慨地說：政府這種善後的嚴厲措施，並不能壓平台灣人對事件的情緒，相反的更加深台灣人的仇恨心。現在他們為了免吃眼前虧，他們是守口如瓶，硬充傻瓜，但這種無言的憤怒，是最可怕的。

這種緘默，是不能保持長時間的。

從這段敘述，不難看見，經歷這場悲劇，台灣人的性格更加扭曲得不似原形。

這種對政治的恐懼感，必然使知識份子參政的熱潮大大減退，試舉省議員的參選情形以觀一斑：事件前的省參議員選舉（一九四六年四月），應選名額僅三十名，候選人多達一千一百八十人；事件後，第一屆臨時省議員選舉（一九五一年十一月），應選名額增加為五十五名，候選人卻只剩下一百四十人，參選熱潮在事件後急劇下降。當時的省參議員韓石泉，也曾回憶事變後的省參議會的情形說：「六月二十日～三十日開省參議會大會，參議員出席者不上二十名僅及全體三分之二，大都意志消沈，噤不作聲，與第一次大會情形比較恍如隔世。」④

過去屬於士紳地主領導的地方政治，由於事件的刺激，許多劫後餘生的地方領袖對政治產生恐懼與冷漠，不再與聞政治。加以緊接而來的「土地改革」及白色恐怖政治，更讓地方領導階層產生鬆動，地方政治體質逐漸改變，土豪地痞、黑道流氓、地方政客逐漸進入地方政壇，形成劣幣驅逐良幣的現象。

一九四七年四月二十二日，行政院會議決議撤銷台灣省行政長官公署，改為台灣省政府，並撤換陳儀，改派魏道明為台灣省政府主席，二十九日並通過台灣省政府委員人選，其中有七位台籍人士，佔全部十四名省府委員的半數。這是耗損那麼多生命、財產的二二八事件之後，台灣人所得到的小小收獲。

事件後的台灣，經濟不見得好轉，通貨益加膨脹，生活依然困苦，然而反抗與不滿的聲音，已經不易在街市上聽聞得到。倒是海外開始出現台灣獨立運動，當然，那是劫後餘生者的精神出路。此外，少部分共產主義者則投入中國大陸，後來加入紅色中國的陣營。

事件結束的兩年後，國民黨政府在中國大陸上與共產黨的軍事鬥爭全面潰敗，輾轉逃入台灣。受過二二八洗禮的台灣人民，從此負擔起供養國民黨政府的義務，並且扛荷著「中華民國」的牌號，國民黨政府要他們承認這是代表全中國的稱謂。實際上，中華民國名號下的台灣，已是一個不折不扣的島國，她的政經、文化、社會等結構，又開始與對岸的共產中國分道揚鑣。

【註釋】

①已故台灣史學者林衡道，曾引述一位友人對二二八事件的評語說：「那是已經文化進步的人們，被文化落後的人們統治所產生的悲劇。」（見陳三井、許雪姬訪問林衡道〈二二八事變的回憶〉，載《口述歷史》第二期，1991.2.1，台北，中央研究院近代史研究所）。

②《中央日報》，1947.3.24，南京。

③同前註。

④韓石泉，《六十回憶》（一九五六，著者印行），頁八六。

附錄

一、香港、台灣、二二八

兩年前的二二八前夕，香港一家有線電視台的採訪記者陳小姐，來台灣做有關二二八事件專題報導的採訪，也到我的研究室來訪問我。她對我做了大約一個小時的訪談之後，最後她提出一個問題（她說這個問題也是她此次來台做這個專題的主旨所在），她問我：「香港回歸中國之後，會不發生類似台灣的二二八事件？」

這真是「大哉問」，問得太有現代意義了。她不僅掌握到二二八事件的歷史本質，而且能將歷史與現實作貼切的對話。

這幾年來我從事二二八事件的研究發現，二二八事件發生的原因，與其說是族羣的衝突與對立，不如說是體質與中國社會迥異的台灣，被併入中國所造成的社會文化的衝突與摩擦所致。台灣人原以為同文同種的中國，是心目中可以託付的祖國，沒想到，真正的中國降臨台灣後，他們才發現這個中國與心目中的「祖國」相差甚遠，簡直難以適應。其實，台灣與中國在近代的發展上，有著相當不同的歷史軌跡。台灣的歷史上充滿著海洋文化的特性，海島貿易的商業根性很強，尤其自清末劉銘傳推行新政以來，歷經日本五十年的發展，台灣在近代化的腳步上，超前中國大陸很多，兩個社會發展的差距甚大。至於價值觀念、生活習慣之差異，更不在話下。因此硬將兩個性質不同的社會「統一」在一起，便很容易產生摩擦，引起衝突。尤其是水準較低的一方以「征服者」的態度，統治水準較高而又滿懷期待的一方。所以，二二八事件在這樣的歷史背景下發生，絕非偶然。

陳小姐頗能掌握二二八事件的歷史成因，因此她才會以台灣歷史的殷鑑，作為香港的借鏡。

對於陳小姐的問題，我沒有作完全肯定的回答，我僅做了一個簡單的比較與分析。我說，香港與中國大陸在生活水準及價值觀念上，差距很大，這種情形就類似二二八事件前，台灣與中國之間的差距也很大一樣。如果僅就這觀點來看，香港被併回中國之後，很可能會像當年台灣在「回歸祖國懷抱」之後一樣，倒退了三、四十年。不過是否必然發生像二二八那樣大的慘案，則不敢說。主要的不同因素是，今天的香港人與當年的台灣人的心理背景不同。當年國民政府接管台灣之前，一般台灣人對中國充滿期待與歡迎，但卻對中國相當不了解；今天香港人剛好相反，香港人並不對中國抱太大希望，但對中國卻是相當了解。當年台灣人希望落空之後，心理打擊很大，反彈也大；今天香港人不抱希望，也就不會失望。總之，香港一定要慎防回歸後的一切逆退現象，當然更要防止「二二八」的發生。

說到這裡，我反問陳小姐，「九七之後，您有什麼打算？」

她回答我說，她準備移民加拿大。我再問她，為什麼不考慮搬來台灣？

她笑著回答我說：「你們政府說，台灣是中國的一部分，我如果搬來台灣，以後還不是要再跑一次？」

——原載《自由時報》，一九九七、二、廿二

二、天安門事件中的二二八模式

省府主席邱創煥答覆省議員蘇貞昌等人的質詢時表示，二二八事件與天安門事件性質不同，不該相提並論。其然乎？豈其然乎？二二八事件固然有與天安門事件相異之處，但兩事件相仿之點，倒也不少。今以個人研究二二八事件一得之愚，將兩事相提並論一下，看看天安門事件中所出現的二二八模式。

鎮壓前的開明假象

二二八事件之初，由各級民意代表組成的「事件處理委員會」每天開會，提出政治改革的要求，行政長官陳儀不但派公署的官員參加，而且接見請願代表，並且應允代表提出的改革要求。等到三月九日以後，陳儀確定中央派來的援軍已出發來台之後，他立刻翻臉改口，宣稱「處理委員會」的要求已幾近「叛亂」，是「非法組織」，乃採高壓手段。

這次中共當局處理北京的學生運動，初期官方也會見學生代表，李鵬並探視絕食的學生，並否認說過學生運動為「動亂」，可是等到「解放軍」齊集北京後，鎮壓「動亂」的行動就開始了。

大屠殺的美麗說詞

二二八事件中，陸軍第二十一師抵台後，陳儀廣播宣稱：「我此刻以十二萬分的誠意告訴最大多數的善良同胞，我的宣布戒嚴，完全為了保護你們，你們千萬勿聽奸人的謠言……，對於守法的同胞，決不稍加傷害。……我的再宣布戒嚴，完全為了對付絕少數的亂黨叛徒，他們一天不消滅，善良的同胞一天不得安寧。」（見一九四七年三月十一日《台灣新生報》）。

這種句型，在天安門事件中，也重新拷貝了一次。試看中共戒嚴當局採取軍事鎮壓所宣佈的理由：「為了維護已經受到威脅的人民的生命財產，為了國家和民族的根本利益，執行戒嚴任務的部隊在忍無可忍的情況下，被迫依法採取了堅決的措施，嚴懲一小撮反革命暴徒……」、「黨和政府堅決保護廣大青年學生的愛國熱情，對於煽動和製造動亂的極少數人，必須堅決予以揭露。」

對學生的集體屠殺

二二八事件中，有許多大學生和中學生出面參加會議，或組成治安維持隊，維持治安。因此，在大屠殺來臨後，許多學生慘遭集體殺害。例如，三月八日到九日早上，許多在圓山附近維持治安的學生被屠殺，屍體投於圓山之下。基隆地區有青年學生二十人被軍隊割去耳鼻及生殖器，然後用刺刀戳死。據台灣旅滬六團體的報告，當時被殺害之人民以青年學生為最多。

這次天安門前的大屠殺，也是學生死得最多。「解放軍」在消滅那些中了「西化思想毒素」的學生，與當年國民黨軍隊在消滅那些具有「日本思想遺毒」的學生，其心態與性質並沒有什麼不同。

槍斃人犯示眾的手法

二二八事件時，許多被認定為叛徒亂黨的人，動輒就當眾處決。例如，台南市的湯德章律師，在台南市的民生綠園槍斃示眾。畫家陳澄波、醫師參議員潘木枝、盧鈵欽、柯麟等人，被綁赴嘉義市火車站前槍決。南縣商會理事長黃媽典也在新營當眾槍決。

我們看這次天安門事件，槍決人犯也是在數千人圍觀下進行，這種「殺雞儆猴」的作法，是專制統治者的手段。

對知識分子的迫害

陳儀當年借用軍事鎮壓的餘威，整肅了一批他視為眼中釘的知識菁英。像林茂生、施江南、陳炘、阮朝日、王育霖、宋斐如、張七郎、林連宗、吳鴻麒……等高級知識分子，都在沒有參加任何暴動之下被捕遇難。

這次天安門事件後，中共當局也通緝許多沒有參加暴動的知識分子，像方勵之、嚴家其、湯一介、陳一諮、蘇曉康、包遵信……。所不同的是，大陸的知識分子比較了解「祖國」的政治，因此有多人避難得及。而當年台灣的知識分子，不了解祖國的政情，因此也就在自以為沒犯錯的情況下，乖乖就逮遇害。

事件後的大逮捕

二二八事件經過軍事鎮壓後，陳儀隨即展開所謂「清鄉」行動，大肆逮捕「惡人」。三月三十日，陳儀發出「為實施清鄉告民眾書」，謂：「這次由亂黨叛徒所造成的暴動，使社會秩序一時陷於混亂，善良人民都蒙受有形無形的損失，回想起來，實在痛心。現幸國軍抵達以後，亂黨叛徒聞風匿散，社會秩序已經恢復。但政府為了保護善良人民維持全省治安，徹底肅清惡人起見，決定實施清鄉，使少數的亂黨叛徒，無法匿避……。」陳儀這份中日對照的文告，要求民眾要「交出武器」、「交出惡人」，因此，台灣在事件後，進入白色恐怖時代。

今天的中共，在天安門事件後，也一樣進行大逮捕，並且裝設檢舉專線電話，要民眾檢舉「惡人」。其手法及說詞與二二八時代完全一樣。

計算死亡人數的偏頗態度

二二八事件後，官方發佈的死傷人數，只計算軍警公務人員的死傷數目，或是把人數極力縮水，以致至今二二八的死亡人數仍是個謎。

中共當局發佈這次事件的死傷人數，也一樣只計算軍方的死傷，「我們一家都是人」，別人死的都不算。

看過四十二年前的「歷史傷口」，再看看今天的「歷史傷口」，極其相似。不要以為搗上耳朵，矇上眼睛，就可以聽不到、看不見。喜歡耍槍桿的統治者，以及喜歡耍嘴皮的大官虎，不要再搗耳朵和矇眼睛了！

——原載《自立早報》，一九八九、六、二十六

三、歷史給我們的教訓是——歷史沒有給我們教訓？

甲：「我們要走出二二八的陰影，撫平歷史的傷口。」

乙：「是的，走出陰影，撫平傷口，不要老是在苦難的歷史中打轉，眼淚和哀傷不能解決問題。」

甲：「但是我們要記取歷史的教訓，不能讓悲劇再度重演。」

乙：「是的，二二八的慘劇，從此要在台灣絕跡。」

甲：「我們要用愛心與寬容來相待。」

乙：「是的，唯有愛與寬容，才能建立和諧的社會。」

甲：「我們不該再分彼此，不該挑撥省籍矛盾。」

乙：「不錯，我們不再分彼此，因為大家都是一家人，已經凝結成一個命運共同體。」

甲：「所以我們不該再有『本省人』、『外省人』之分。」

乙：「那當然，這還用說！」

甲：「因為，不論本省人或外省人，大家都是中國人。」

乙：「什麼？中國人？這恐怕要澄清了，應該說，不再分本省人和外省人，因為大家都是台灣人了。」

甲：「可是台灣人也是中國人啊！」

乙：「根據國際常識，中國是指中華人民共和國。如果說台灣人是中國人，無異是向中共政府歸順。」

甲：「我們說的中國，是指中華民國。」

乙：「可是我們這裡明明是台灣，全世界也都這樣稱呼我們。『台灣』比『中華民國』更能名副其實適合台灣。」

甲：「不對，應該說『中華民國』比『台灣』更名副其實適合中華民國。」

乙：「可是李總統不是說中華民國在台灣嗎？」

甲：「不對，中華民國包括全大陸。」

乙：「可是大陸上不是有一個中華人民共和國了嗎？」

甲：「你到底認同不認同國家？」

乙：「你要我認同的國家並不存在。而存在著的，你卻不認同它是一個國家。其實，我是很認同國家的，我相信我們兩千多萬全體住民，不分族羣，可以在台灣共同建立一個國家。」

甲：「請你不要再挑撥省籍情結！」

乙：「我也請你不要挑撥省籍情結！」

走出了二二八的陰影，這個對話還在繼續下去，隔岸的鄧小平聽了，莞爾一笑，說：「你們都不必吵，等我們完成祖國統一大業之後，保證你們還有機會再一次記取歷史的教訓。」

——原載《自立早報》，一九九三、三、一

四、二二八與台獨

常聽到有些人說，我們要撫平二二八事件的歷史傷口，化解省籍歧視，才能消解台獨的思想。

言下之意，認為今天的台灣獨立的思想，是因為二二八事件而起，所以要先解除二二八情結，才能消止台獨思想。這種觀念，只知其一，不知其二。

到底，台獨思想是不是因為二二八而起？打開二二八情結，是否就表示連帶消弭了台獨思想？要解答這個問題，必須要先釐清台灣歷史上，各個不同階段的「台灣獨立」運動的不同的背景與內容，才不致於將「二二八」與「台獨」的關係過份簡化，以至迷失今天的處境，亂了今後的腳步。

二二八之前早就有台獨運動

其實，在二二八事件之前早就有台獨運動。撇開馬關條約割讓台灣之後，唐景崧、丘逢甲等人的「台灣民主國」不談（因為那是類似今日商場上的「假離婚」的一次「假獨立」），在一九二〇年代的台灣左翼運動中，即表明要建立「台灣共和國」，並提出「台灣民眾獨立萬歲」的口號。日治時代左翼人士所推動的台灣獨立運動，還曾經獲得中國國民黨和中國共產黨的支持。

此外，二次大戰終戰之初，台籍士紳辜振甫、許丙、林熊祥、簡朗山等人，結合在台少壯日軍，尋求台灣獨立，不受中國接管，有所謂「草山會議」（一九四五年八月中）的召開。後因日本當局制止而作罷。國府接管台灣後，辜振甫、許丙等人被捕判刑。

可見在二二八之前，早就有台灣獨立運動，惟時代背景與獨立對象各有不同。所以，「台獨係因二二八而起」之說，並非週延貼切的陳述。

然而二二八事件之後，確實也激起另一階段的台灣獨立運動。

二二八之後的台獨

二二八事件，使得部分原先沒有台獨主張的人開始倡導台灣獨立。茲以兩個代表性人物來說明，一是彭明敏的父親彭清靠，一是廖文毅。

彭清靠是位醫學博士，終戰後，曾被推為歡迎國軍的歡迎委員會的主席。後來並參加高雄市參議員選舉，當選後，還被推舉為議長。他興致勃勃地參加「祖國」來的新政治。但是，二二八事件時，他代表「處理委員會」出面到高雄要塞，與要塞司令彭孟緝交涉協商，卻不意遭綁押起來，同往的代表中有三人被槍斃，彭清靠雖僥倖不死，但遭受軍方百般苦刑與凌辱。經過這次的打擊，他的希望徹底幻滅。他的兒子彭明敏，敘述彭清靠受此打擊後的轉變時說，從此，他再也不參與中國政治，或理會中國的公共事務了。他所嚐到的，是一個被出賣的理想主義者的悲痛。到了這個地步，他甚至揚言為身上的華人血流感到可恥，希望子孫與外國人通婚，直到後代再也不能宣稱自己是華人。彭明敏後來走上台獨之路，受其父親的影響於此可見。

至於廖文毅，在二二八之前，並無台灣獨立的思想，不僅沒有，而且有一段與「祖國」大陸相當密切的關係。他曾經於一九二七年（時年十七歲），入南京金陵大學。一九三五年從美國拿到博士學位後，進入浙江大學任教；中國對日抗戰前，任中國軍政部兵工署上校技正；戰後，任國民政府東南長官公署工礦處技正，還兼台北市工務局長……。足見他有相當程度的「祖國經驗」。終戰回台後，他還投入國民參政員及制憲國大代表的選舉，他自稱是個「聯省自治」的主張者，並沒有提倡台獨。兩次選舉遭失敗之後，他還跑去中國大陸考察，並自稱回「祖國」考察。他甚至在二二八發生的兩個月前（一九四六、十二月廿七日）的一項座談會上，還說：「由廣大的中國看，必須實行地方自治。各地方得了健全發達再團結的中國，一旦有事可免國家的崩壞。」誰知道，這個「由廣大的中國看」的廖文毅，於兩個月後的二二八發生時，卻名列台灣警備司令部的三十名通緝犯名單當中。廖文毅幸虧走避香港得及，未被逮捕，但從此便開始在海外倡導台灣獨立。

從以上兩個明顯的例子，可以想見二二八事件，確實促使部分人士走上台灣獨立之路，二二八確實激起了另一階段的台獨運動，許多事件的受害者家屬，以及逃難者紛紛看破國府的統治而亡命海外，從事台灣獨立運動。此一時期的獨立運動的獨立對象，是針對國民黨政府而發。運動的內涵，也有著極濃厚的所謂「省藉意識」。

現階段的台獨觀念又有不同

二二八確實使得原本就有摩擦的所謂「省籍情緒」籠罩了一層陰影。但是，四十年以來，隨著台灣社會的變遷、文化的交融、工商的發展，生活水準的提昇，政治風氣的日漸開放，台灣島內的各語言族羣之間的距離已逐漸消弭，使得早期以推翻國民黨政府為目標的台獨運動作了大幅度的修訂與改變。而另外一種新的獨立思想，則由於對岸共產中國的對台野心才應運而生。四十年來台灣的所有住民，不論是客家人、福佬人、大陸籍人士及原住民，大家已水乳交融，為了抵制共產中國極權政治的侵略，全體住民凝聚成「台灣命運共同體」，建立一個獨立於中共政權之外的主權國家，這是現階段的台灣獨立的意義。

了解了台灣歷史上不同階段的台獨的背景與內涵之後，我們實在不必要把「解開二二八情結」、「撫平二二八傷口」這件事，與「消止台獨思想」視為因果關係。「消止台獨思想」不但不該是「撫平二二八傷口」的函數，相反的，我們更應該從二二八的歷史中記取歷史的教訓。

二二八的慘案，正是當年海峽兩岸，經過五十年的不同歷史發展之後，兩個體質不同的社會一次「統一」的代價。今天，海峽兩邊的這兩個社會，又明顯呈現出相當的差異，如果不幸對岸那個水平低落的政權，又要跨海「統一」台灣，我們能不擔心，一次可怕的二二八夢魘又將重現？今天，兩千萬生死與共、同命相連的全體台灣住民，在走出二二八的陰影之後，撫今追昔，應該認清大家共同的方向。

——原載《自由時報》，一九九一、二、廿七

五、改「中正紀念堂」為「二二八紀念堂」

旅美的二二八受難家屬郭勝華醫師，日前致函李總統，函中建議將「中正紀念堂」改為「二二八義民紀念祠」。郭醫師這個建議，我認為很有意義。不過，「義民」的定義，難以界定，標準不一，恐生歧義；而「祠」也者，又恐怕流於神祕主義色彩。因此，我建議倒不如單純化一點，就改為「二二八紀念堂」即可。

「中正紀念堂」可以改為「二二八紀念堂」的理由，可以分為兩個層次來說明：其一、「中正紀念堂」沒有繼續存在的必要；其二、改為「二二八紀念堂」的意義。

「中正紀念堂」沒有繼續存在的必要，理由很簡單，因為，我們看不出這位曠世聞名的法西斯大獨裁者有立廟紀念的價值。姑且不論他年輕時代好賭成性；姑且不論他曾數次違抗孫文命令，被孫文斥責「本其日本士官、保定軍官之一知半解，而全不知世界大勢……」；姑且不論他曾經親手刺殺革命元勳（如陶成章）；姑且不論他曾經製造各種恐怖暗殺（如楊杏佛命案）；姑且不論他為了擴充自己的權力，連他同黨的元老（如胡漢民）都下獄；姑且不論他曾經以「清黨」之名，肆行大屠殺；也姑且不論他曾經為了他的個人獨裁與一黨專政，而打擊在野的民主人士（如捕捉張君勱、羅隆基……，迫害民、青兩黨及「民盟」人士）……。

這麼多的惡行劣蹟，我們都「姑且不論」，因為這些都是在中國大陸時代的舊帳，與我台灣無關，但是，逃亡到台灣的蔣介石，依然厲行他的法西斯獨裁統治。為了進一步擴充且長保其權位，他不惜以所謂「戡亂」體制，來破壞民主憲政的常軌，不惜以世界最長的「戒嚴」，剝奪人民正常的民主生活。他在一九五〇、六〇年代所厲行的白色恐怖政治當中，有四千人因政治案件遭處決，數萬人被下獄。多少家破人亡、妻離子散的人間慘事因他而發生不說，台灣的民主政治也因他而遲遲不能建立，直到近幾年才姍姍來遲；而且，為了他要「田單復國」、「少康中興」、「毋忘在莒」（這些都是封建中國的產物），台灣犧牲了多少社會福利以及交通、教育等等的建設與充實；尤其，這位充滿封建思想的人，因固執其「漢賊不兩立」的死腦筋，造成了我們今日外交處境的艱難，使得台灣的國家定位不明。

像蔣介石這樣的大獨裁者，死後還要佔用全台北市偌大的最菁華土地，蓋起那麼龐大的紀念堂來要求人民「永懷領袖」，這是台灣要建立民主國家的最大諷刺。

只有犯賤的奴民，才需要這種獨夫紀念堂！

最近自稱「無愧」的郝伯村，自由自在地出書痛罵李登輝「專制霸道」。沒錯，李登輝可能有他專制霸道的一面，不過，比起蔣介石如何？如果郝伯村真的不能容忍李登輝的專制，那麼他（及其徒子徒孫們）想必更不能容忍蔣介石的恐怖統治吧！因此，如果將「中正紀念堂」結束掉，他們應該沒有理由反對才是！

至於將關閉掉的「中正紀念堂」改為「二二八紀念堂」，則有更大的意義。理由也很簡單，因為造成二二八事件如此重大的傷亡，蔣介石要負相當大的責任。造成二二八的重大傷亡，關鍵在於二十一師來台的所謂「綏靖」，及繼之而來的所謂「清鄉」。而二十一師是蔣介石下令派來的。更值得注意的是，二十一師要派來台灣之前，有台灣民間團體透過外國領事館轉一電報給蔣介石，請其勿派兵赴台，否則情勢必更惡化。美國駐華大使館也致電詢問有關消息。然而，面對這些重要警訊與民間反映，蔣介石不但「置之不理」，而且還將他「置之不理」的態度，電告台灣的陳儀。蔣在電文中還告訴陳儀說，這些要求勿派兵的警訊，都是「反動份子在外國領事館製造恐怖所演成」。由於他的昏聵與一意孤行，終於造成台灣歷史上無法彌補的損失與傷害。僅就這一點看，蔣介石在二二八事件中有無責任，當可思過半矣！（因篇幅所限，不能詳述，請詳見拙文〈蔣介石在二二八事件中的責任問題〉）。

因此，把二二八事件的元凶的紀念堂，改為二二八紀念堂，是最恰當不過的事。既省時間，又省財力，無一害處而又有意義。

——原載《台灣時報》，一九九四、二、廿七

六、「白色恐怖」應與「二二八」一併處理

前一陣子，行政院的「二二八處理條例草案」，普遍受到二二八受難家屬的不滿。正當二二八事件的「賠償」、「道歉」等善後問題仍懸而不決的時候，「白色恐怖」的問題，又因六張犁的一大堆冤魂野塚的出土，而相繼浮上檯面。而國防部「仁教所」那把焚毀白色恐怖史料的「現代秦火」，更把國民黨當局不敢面對歷史的心態，照得原形畢露。

然而，再拖下去、賴下去，總不是辦法。拖與賴只是讓歷史的包袱更加累贅、更加糾纏不清，更加消耗社會成本。二二八的家屬們，已紛紛在各地成立團體；白色恐怖時代受難的家屬，也開始組織起來。歷史的債，該清還的，還是要清還；更何況，這是一個是非與公道的原則問題。

為求一勞永逸，為求根本解決，我建議「白色恐怖」的冤案，應與二二八的問題一併處理。理由很簡單：

一、「白色恐怖」與「二二八」的區隔很接近，接近得幾乎很難劃分。二二八

事件中最大的死傷，在於三月八日下午國府軍二十一師部隊，抵台之後的所謂「綏靖」（屠殺），以及隨之而來的所謂「清鄉」。所謂「綏靖」的時間較短，約一星期左右；但「清鄉」的時間則很長，表面上「清鄉」的期間是在三月二十日，陳儀發佈「為實施清鄉告民眾書」起，至是年的四、五月間止，但實際上，「清鄉」行動中的濫捕濫殺之風，幾乎延續到一九四九年以後國民黨政府撤退來台，與「白色恐怖」時代相銜接，所以，有人從廣義的角度來看，二二八事件不只是發生在一九四七年而已，它還銜接到一九四九年以後的白色恐怖，延續了十幾年才漸停止。

二、許多在二二八事件中涉案而被「從寬處理」的人，到了「白色恐怖」時代又再度被算舊帳，或坐獄、或遭處決。例如：著名的阿里山原住民領袖高一生、湯守仁，在二二八事後已經「改過自新」了，可是三年後（一九五〇年十月），卻又以「叛亂罪」遭槍決；三青團的李友邦，在二二八時，曾被押解到南京拘禁三個月後釋放回台，後來還當了國民黨台灣省黨部副主委和台灣省政府委員，可是一九五一年十一月，卻又以「匪諜」名義被捕遭處死；林日高，這位戰後初期的著名省議員，也於二二八時坐了一陣子獄，雖然暫時逃過一劫出獄，可是到了「白色恐怖」時代，還是難逃劫數，在省府委員任內遭槍斃，像這些人士，到底是二二八的受難者，抑或是「白色恐怖」下的受難者，實在難分。

三、同樣受到冤屈，同樣因為不人道、無法治的政治環境而蒙冤受難，豈有部分案件可以平反，而部分案件卻不予理會之理?處理過去的冤案更不應以政治立場之互異而有差別待遇，因為對人道與人權的尊重，應是超乎政治立場的。

國民黨如果真有心要告別過去那一套暗無天日的威權統治，就應該對過去的所有不人道的倒行逆施，表示悔過，拿出誠意一視同仁，力求彌補。浪子回頭改過，就要徹底自新，要改過沒有只改一半的道理，況且這一半還在拖賴之中。

——原載《自立早報》，一九九三、七、十九

本土新書 33

解讀二二八

作者——李筱峰
發行人——魏淑貞
出版者——玉山社出版事業股份有限公司
台北市一〇〇仁愛路二段一〇—二號一樓
電話/(〇二)二三九五一九六六　傳真/(〇二)二三九五一九五五
電子郵件信箱/tipi395@ms19.hinet.net
玉山社網站網址/http://www.tipi.com.tw
郵撥/一八五九九七九九　玉山社出版事業股份有限公司
總經銷——吳氏圖書有限公司
台北縣中和市中正路七八八之一號五樓
電話/(〇二)三二三四〇〇三六（代表號）
主編——蔡明雲
編輯——陳嘉伶
行銷企劃——魏文信・許家旗
法律顧問——魏千峰律師
排版——極翔電腦排版有限公司
印刷——松霖彩色印刷有限公司
初版一刷——一九九八年一月　初版十五刷——二〇〇四年六月
定價——新台幣二五〇元
玉山社
◎行政院新聞局局版北市業字第十四號◎

國家圖書館出版品預行編目資料

解讀二二八／李筱峰著. -- 初版. - - 臺北市
：玉山社，1998 [民 87]
面； 公分. --（本土新書；33）

ISBN 957-9361-74-6 (平裝)

1. 二二八事件

673.2291 86015913